CHANTILLY

SON CHATEAU, SON HIPPODROME, SES ENVIRONS

ET UNE NOTICE

SUR

LA PORCELAINE ET LA DENTELLE

PAR

M. Hippolyte LECERF

2ᵉ ÉDITION

REVUE ET CONSIDÉRABLEMENT AUGMENTÉE

Prix : 3 Francs

EN VENTE
CHEZ LES LIBRAIRES DE CHANTILLY
ET A PARIS
CHEZ M. E. DENTU, PALAIS-ROYAL

—

1880

309.

Paris. — CH. DE MOURGUES frères, 58, rue J.-J.-Rousseau.

CHANTILLY

SON CHATEAU, SON HIPPODROME, SES ENVIRONS

ET UNE NOTICE

SUR

LA PORCELAINE ET LA DENTELLE

PAR

M. HIPPOLYTE LECERF

2ᵉ ÉDITION

REVUE ET CONSIDÉRABLEMENT AUGMENTÉE

EN VENTE
CHEZ LES LIBRAIRES DE CHANTILLY
ET A PARIS
CHEZ M. E. DENTU, PALAIS-ROYAL

—

1880

PRÉFACE.

Deux choses font à Chantilly l'admiration de toutes les personnes éclairées : le château et l'hospice Condé.

De tout temps, les princes, en embellissant leur domaine, portaient également leur sollicitude vers l'asile des malheureux. Monseigneur le duc d'Aumale ne manque point à cette tradition.

Entre ces deux grands objets — la *seigneurie* et l'*assistance* — nous voudrions voir s'établir et se développer un foyer durable d'activité sociale et de vie commerciale, non par intermittence, mais d'une manière permanente et progressive.

Tel serait, nous pensons, le résultat pour Chantilly de la création d'un nouveau canton dont cette ville serait le chef-lieu.

Nos pères l'avaient obtenu après 1789.

Nous en espérons le rétablissement de la justice du gouvernement actuel, malgré les obstacles politiques qui naissent, soit d'idées surannées et rétrogrades, ou de craintes chimériques, soit de l'influence de comités qui imposent leurs choix et ne laissent guère de liberté à leurs élus.

Nous connaissons un serviteur désintéressé et dévoué à sa localité, comme nous le sommes à l'égard de Chantilly, qui a sollicité longtemps la création d'un nouveau canton, mesure qu'il est parvenu à obtenir, grâce à l'intervention de M. Thiers, alors président de la République, nonobstant des résistances sans fondement sérieux.

Dans la circonstance actuelle, il est une haute influence à laquelle nous adressons ici très-respectueusement de vives sollicitations ; mais, plein de déférence pour l'autorité municipale, nous avons cru convenable de laisser à M. le Maire de Chantilly tout l'honneur et l'agréable devoir des entretiens personnels à cet égard avec Monseigneur le duc d'Aumale.

A notre avis, la grande position du Prince n'aurait nullement à souffrir de l'admission de la demande formée par la ville de Chantilly, et nous ne croyons pas qu'il puisse se produire d'objection grave sur ce point.

Nous ajouterons qu'en publiant ce petit livre, nous n'avons pas eu la prétention de donner un travail historique complet sur la seigneurie de Chantilly. C'est à proprement parler un simple mémoire pour justifier la revendication du canton dont cette ville a été le chef-lieu et un compte rendu de ce qui a été fait par nous jusqu'à ce jour dans ce but.

Hippolyte LECERF,
Ancien Notaire.

10 mars 1879.

DIVISION DE L'OUVRAGE.

PREMIÈRE PARTIE.
CHANTILLY.

DEUXIÈME PARTIE.
LE CHATEAU DE CHANTILLY, LES COURSES ET SUJETS DIVERS.

TROISIÈME PARTIE.
LE DÉDOUBLEMENT DU CANTON DE CREIL.

LE CHATEAU DE CHANTILLY
ET
LES COURSES.

PREMIÈRE PARTIE.

CHANTILLY.

Le château et la paroisse ou commune de Chantilly.
La Révolution de 1789
fait de Chantilly un chef-lieu de canton.

L'origine du célèbre château de Chantilly se perd dans les ténèbres du moyen âge, époque sur laquelle les documents historiques font presque complétement défaut.

Un donjon en fut l'unique et primitive demeure féodale, et ce lieu, aujourd'hui si ravissant, dans lequel s'harmonisent heureusement les merveilles de l'art avec les beautés de la nature, était alors et resta longtemps agreste et désert, mis à l'abri des attaques par les eaux accumulées de la Nonette et entouré d'une vaste et sombre forêt.

L'Étymologie du nom donné à ce château présente aussi quelque incertitude.

L'essence dominante parmi les bois de la forêt de Chantilly était sans doute à cette époque, comme aujourd'hui, le tilleul (*tilia*), dont l'écorce sert à faire des cordages et des liens pour l'agriculture, industrie très ancienne de la commune de Coye, placée au milieu de la forêt. On pourrait donc penser que Chantilly (*cantiliacum*) doit son nom à cette sorte de bois à laquelle ne s'attaque point la dent du lapin, si malfaisante pour toutes les autres essences, et, pour cette raison, il est permis de supposer qu'il y a toujours eu auprès du château fort des champs plantés de tilleuls ; à moins que le sens originaire de ce nom ne soit, dans sa première partie, une allusion tirée du latin *cantare* ou *cantillare*, allusion au chant continuel des oiseaux variés qui devaient exister en si grand nombre autour du vieux et solitaire castel.

Des érudits font cependant dériver le nom de Chantilly de deux mots celtiques dont la signification se rattacherait à l'abondance des eaux, c'est-à-dire de *cent* qui signifie quantité, abondance, et *liex*, eau, fontaine.

Enfin la première Étymologie que nous croyons

être la vraie, est donnée par l'abbé Boutard qui a écrit en vers latins une ode sur Chantilly, intitulée *cantiliacum* où on lit :

> *Lætius arrident tiliæ, decor unde beato*
> *Nomenque campo. . . . .*

Ce qui peut se traduire ainsi :

« Les tilleuls offrent le plus riant aspect dans ce champ fortuné dont ils sont l'ornement et d'où est venu le nom de Chantilly. »

Le manoir, à son origine, dépendait de la paroisse de Saint-Léonard dont le territoire arrivait jusqu'à l'emplacement des écuries actuelles; mais la terre de Chantilly, prise dans son ensemble, s'étendait encore sur les territoires de Saint-Firmin et de Gouvieux.

Quelques cabanes et hôtelleries éparses formèrent d'abord le hameau dit *des grandes et des petites fontaines* se trouvant non loin de l'hospice actuel, vers l'entrée de l'ancien parc des Fontaines, morcelé récemment. La maison principale de cette dernière propriété, édifiée sur l'emplacement de masures, portait, par tradition, le nom de *hameau des Fontaines* comme on le voit dans les contrats de vente qui y sont relatifs. On peut donc dire que là s'est trouvé le berceau de la ville de Chantilly, abstraction faite du château.

Les constructions ayant augmenté, le nom du château féodal fut donné à ce hameau, mais l'enceinte habitée demeura nécessairement circonscrite et elle est encore restreinte aujourd'hui à cause, d'une part, des eaux et des marais et, d'une autre part, de la pelouse qui est l'ornement toujours respecté du domaine.

Néanmoins la beauté du site et les embellissements successifs de ce domaine, attirant la population, les seigneurs finirent par céder quelques parcelles de terrain pour constituer un bourg.

Le grand Condé (Louis II de Bourbon) prépara le développement de Chantilly par ses beaux et nombreux travaux et par des concessions de terrains. Nous avons eu sous les yeux un acte passé le 18 juin 1684 devant Georges Thibaut, notaire de la chatellenie de Chantilly, résidant à Saint-Leu d'Esserent, par lequel Louis, duc de Bourbon, prince de Condé, duc d'Enghien, fait concession au sieur Claude Durand, l'un de ses porteurs de *faisans*, d'un terrain à Chantilly, à côté de l'emplacement où l'église a été construite et allant en pointe du côté de la forêt. Cette concession fut faite à la charge d'élever une construction que l'on voit encore aujourd'hui et qui est l'hôtellerie portant pour enseigne *Le Cygne*.

De plus, Louis de Condé légua une somme importante pour la construction de l'église actuelle, construction que fit exécuter Henri-Jules de Bourbon, son fils, en 1692, époque où Chantilly devint une paroisse. Le château cessa dès lors d'appartenir à celle de Saint-Léonard.

C'est à la même époque qu'une partie du territoire de Gouvieux fut réunie à la paroisse de Chantilly; mais il paraît que Gouvieux s'était réservé certains droits d'usage, auxquels cette commune prétend encore aujourd'hui. Des terrains furent détachés de la belle pelouse créée par le grand Condé, agrandie par ses successeurs et qui, pendant longtemps, était restée partie en friche, plantée de quelques tilleuls, partie en culture. L'on traça ensuite la longue rue qui conduit à l'église et part de la place de l'hospice Condé, édifice qui fut construit sous le duc Louis-Henri de Bourbon et qui remplaça une infirmerie ou maladrerie qui avait été établie pour les pauvres de la seigneurie, à Vineuil, dépendance de la commune de Saint-Firmin. Les habitations furent soumises, du côté de la pelouse, à un plan uniforme avec petits jardins, augmentés plus tard par de nouvelles concessions faites avant et après 1789. Il semble que les concessions restreintes faites avant 1789, avaient pour motif de laisser les écuries dégagées et de permettre d'apercevoir de loin l'entrée principale qui est à l'ouest.

La châtellenie ou seigneurie de Chantilly a toujours dépendu des plus illustres maisons et l'on peut s'étonner qu'aucune d'elles n'en ait pris le nom si célèbre, à l'instar des Bouchard, qui prirent celui de Montmorency, nom d'une petite ville, ou comme les Bourbons qui adoptèrent le nom de Condé, emprunté à une autre localité et qui est maintenant à la fois un nom patronymique et seigneurial. Mais depuis que Chantilly est devenu une ville de sport, on s'est permis d'inscrire ce nom au *Stud-Book*, en le donnant à de beaux produits de la race chevaline.

L'origine du château de Chantilly est antérieure au Xe siècle.

On sait que vers la fin de ce siècle, sous Hugues Capet, cette châtellenie a appartenu à Rothold, comte de Senlis, seigneur d'Ermenonville, et qu'après plusieurs descendants de ce seigneur, elle passa aux représentants d'une grande corporation appelée les Bouteillers de France; ensuite aux seigneurs d'Esquery, de Clermont et de Laval, aux d'Orgemont et après ceux-ci aux Montmorency et aux Condé.

Le château féodal délabré de Rothold fut, en l'année 1333, complétement reconstruit sur le même emplacement, par Guillaume III, le Bouteiller; il ajouta une chapelle dans une des tours où il fut inhumé; ses restes y furent retrouvés en 1718. Cette chapelle avait été autorisée par le roi Philippe VI de Valois.

Vers 1492, Guillaume de Montmorency apporta de nouveaux changements au château fort qui prit l'aspect formidable des forteresses de cette époque; il lui avait été donné en l'année 1484 par Pierre d'Orgemont, frère de Marguerite d'Orgemont, sa mère, épouse de Jean II de Montmorency.

A la mort de Guillaume de Montmorency, arrivée le 24 mai 1531, la seigneurie de Chantilly passa à son fils, le grand Connétable Anne de Montmorency, qui l'embellit et fit édifier, sous la direction de l'architecte Jean Bullant, de 1541 à 1545, à côté de l'ancien château, le joli château actuel, dans le style de la Renaissance et qu'on appela le châtelet ou la capitainerie.

On commença, à cette époque, à dessiner les parterres; on traça également alors la belle allée qui traverse la forêt et qui porte le nom du Connétable.

Chantilly appartint ensuite :

En 1567, à François de Montmorency, fils aîné du Connétable et qui fut maréchal de France;

En 1579, à Henri Ier de Montmorency, son second fils, grand et illustre personnage, ami de Henri IV, également connétable et maréchal de France, et qui, à l'instar des anciens barons féodaux, savait à peine écrire son nom.

A son décès, arrivé en 1616, le domaine de Chantilly fut transmis à Henri II de Montmorency, son fils, devenu amiral et maréchal de France. Il avait épousé Marie-Félicie des Ursins, qui portait à Chantilly le nom de Sylvie, ou du moins elle fut connue et chantée sous ce nom pastoral par les poètes de l'époque.

Fière de la gloire acquise par Montmorency, elle eut d'abord des années d'un bonheur sans mélange ; mais le moment arriva où sa félicité fut brisée pour toujours par un bien cruel événement.

Henri II de Montmorency s'étant compromis dans une rébellion contre le gouvernement de Louis XIII fut condamné à mort, et l'impitoyable Richelieu, tout puissant sous ce faible monarque, le fit décapiter à Toulouse, le 30 octobre 1632. Frappée au cœur par la mort de Montmorency, Marie des Ursins se retira dans le couvent de Sainte-Marie, à Moulins, où elle mourut le 5 juin 1666. Le monde demeura comme fermé pour elle à partir de la mort de Montmorency. Le seul souvenir de celui-ci restait dans son esprit. Elle lui fit ériger à Moulins un tombeau digne de lui, où ils devaient être réunis.

Quand, dans sa retraite, sa pensée se reportait au moment de la condamnation, elle dut se demander pourquoi Henri II de Bourbon, son beau-frère, personnage influent, n'était pas intervenu auprès du roi et de Richelieu pour en empêcher l'effet. Avait-il été retenu par une promesse de Richelieu, celle de l'héritage du duché de Montmorency ? Ce vague soupçon ne dut-il pas prendre le caractère de la réalité dans l'esprit de Marie des Ursins lorsqu'elle apprit, d'abord, le don de ce duché, suivi de sa nouvelle érection en duché-pairie en faveur de Henri II de Bourbon, de sa femme et de leurs descendants, et plus tard, l'union de Louis II de Bourbon, fils de Henri II, avec Clémence de Maillé de Brezé, nièce de Richelieu, de ce ministre avide de domination, qui s'était servi d'un fantôme de roi pour faire périr un Montmorency, réputé le plus capable et le plus brave seigneur du royaume? Combien le cœur de la malheureuse veuve devait souffrir quand son esprit se livrait à cette pensée!! Mais, il faut bien le dire, les repoches adressés à Condé n'étaient peut-être pas fondés, car on sait que Richelieu était inflexible.

Les biens de Montmorency avaient d'abord été déclarés confisqués; cependant, en mars 1633, le roi Louis XIII rendit à ses trois sœurs le duché de Montmorency, sans la seigneurie de Chantilly. L'une de ces trois sœurs était Charlotte-Marguerite de Montmorency, mariée en 1609 à Henri II de Bourbon, troisième prince de Condé, fils posthume de Henri Ier de Condé, mort à Saint-Jean d'Angély, en 1588.

Charlotte de la Trémouille, seconde femme de Henri Ier de Condé, fut soupçonnée de l'avoir fait empoisonner. Un arrêt du Parlement la déclara innocente. Elle mit au monde, environ six mois après le décès de son mari, un fils qui fut Henri II de Bourbon.

Celui-ci n'obtint la possession de Chantilly qu'après la mort de Louis XIII, par des lettres patentes du mois d'octobre 1643, délivrées pendant la régence d'Anne d'Autriche, mère de Louis XIV. Henri II de Bourbon mourut le 26 décembre 1646. « Sa plus grande gloire, dit Voltaire, fut d'être le père de Louis II de Bourbon, connu d'abord sous le nom de duc d'Enghien. »

Ce prince, jeune encore, devint célèbre par de brillants et nombreux exploits militaires, qui l'ont fait désigner dans l'histoire sous le nom de grand Condé. Sa dernière campagne fut celle de 1675, en Alsace, dans laquelle son génie guerrier parut encore dans tout son éclat; mais, fatigué, il se retira après cette campagne, à Chantilly, d'où il vint très-rarement à Versailles. Il fit appeler Le Nôtre et Mansart, pour embellir son domaine. Il fit agrandir le château principal et décorer le petit château d'Anne de Montmorency, puis creuser le grand canal et distribuer les eaux en gracieux bassins, cascades et jets d'eau.

La célébrité de Chantilly date surtout de cette époque, ainsi que la pensée initiale d'une paroisse de ce nom.

« Il y passa, dit un grand écrivain, le reste de sa vie,
« tourmenté de la goutte, se consolant de ses dou-
« leurs dans la conversation des hommes de génie en
« tout genre dont la France était alors remplie. Il

« était digne de les entendre et n'était étranger dans
« aucune des sciences où ils brillaient. Il fut admiré
« encore dans sa retraite; mais enfin ce feu dévorant,
« qui en avait fait dans sa jeunesse un héros impé-
« tueux et plein de passions, ayant consumé les
« forces de son corps, né plus agile que robuste, il
« éprouva la caducité avant le temps. »

Une remarque est à faire ici relativement à la possession de Chantilly:

Dans la déclaration royale du 19 janvier 1650, où sont expliqués les motifs de l'arrestation du duc d'Enghien, prince de Condé, de son frère le prince de Conti et du duc de Longueville, on lit ce qui suit:

« La reine, dès les premiers jours de la régence,
« donna au prince de Condé, au nom du roi, les
« maisons de Chantilly et de Dammartin, ce qui fit
« dire dès lors à tous ceux qui avaient vu Chantilly,
« que c'était le plus beau présent que jamais aucun
« roi eût fait à une seule personne. »

Le grand Condé, par suite d'une condamnation prononcée contre lui pour sa participation, dans les rangs de l'armée espagnole, à la guerre contre la France, avait perdu tous ses droits sur les domaines et biens quelconques qui pouvaient lui appartenir, lesquels sont alors demeurés acquis à l'État.

Mais la restitution de Chantilly à ce prince semble avoir été faite à la suite et en vertu des stipulations du traité des Pyrénées, du 7 novembre 1659, conclu entre le roi d'Espagne et le roi de France, d'après lequel Louis XIV, prenant en considération le repentir sincère et profond du grand Condé, s'engageait à lui rendre ses dignités et ses biens sans exception, comprenant évidemment la terre et seigneurie de Chantilly.

Après le grand Condé, décédé à Fontainebleau le 11 décembre 1686, le domaine de Chantilly passa à son fils Henri-Jules de Bourbon, nommé communément Monsieur le Prince, qui continua de l'embellir et fit construire, comme on l'a dit plus haut, l'église de cette ville, dans laquelle se trouvent actuellement les cœurs des Condé. Ce prince était très-passionné pour la chasse. Sur la fin de ses jours, dans ses moments d'égarement, il imitait l'aboiement du chien.

Il mourut en 1709.

Son fils, Louis III de Bourbon, demeura peu de temps propriétaire de son domaine, car il mourut en 1710. Il eut pour successeur dans la possession de Chantilly, Louis-Henri de Bourbon, connu sous le nom de Monsieur le Duc, né du mariage de Louis III avec Louise-Françoise de Bourbon, dite Mademoiselle de Nantes, fille naturelle de Louis XIV et de Madame de Montespan.

Louis-Henri de Bourbon fut premier ministre sous Louis XV. Disgracié par ce roi, à cause de sa mauvaise gestion des intérêts publics qu'il sacrifia par faiblesse et par calcul personnel, sous l'influence de la marquise de Prie qui le dominait, de concert avec le financier Pâris-Duverney, il fut exilé en juin 1726, à Chantilly où il consacra sa fortune et ses loisirs à de grands et superbes travaux. C'est lui qui fit édifier, sur les dessins de l'architecte Jean Aubert, le magnifique monument qu'on remarque sur la pelouse, qui efface le château et sert d'écuries. Sa construction dura de 1719 à 1735. Il agrandit l'église; il fit aussi réédifier le grand château ou, au moins, il y apporta des changements considérables. Il fit notamment reconstruire la chapelle. Il fut, en outre, le fondateur de l'hospice Condé et pourvut aux dépenses à venir de cet établissement de bienfaisance par des dons considérables en rentes et en immeubles consistant, notamment, dans les domaines de Larrey et de Nesles en Bourgogne. Sa mère fut, dit-on, l'inspiratrice de ces dernières dispositions, espérant par là atténuer la réprobation qui s'attachait à la vie antérieure de son fils.

Cette princesse, qui avait une grande piété, souffrait

pour elle-même d'une situation qui lui était particulière.

Louis XIV l'avait reconnue comme son enfant; mais Madame de Montespan, sa mère, née Athénaïs de Rochechouart-Mortemart, n'avait pu la reconnaître, puisqu'elle était mariée. Louis XIV, au contraire, se plaçant au-dessus des lois, l'avait même légitimée en vertu de sa toute-puissance; toutefois, cette légitimation fut annulée sous le règne suivant.

Tous les historiens sont sobres d'éloges à l'égard du duc Louis-Henri de Bourbon.

Quelques écrivains désapprouvent même le vaste bâtiment des écuries, malgré sa magnificence; car ce bâtiment cache et écrase le château, et de plus, il est singulièrement bizarre d'avoir voulu installer les chevaux ainsi que les employés du prince d'une façon aussi splendide. Cette brillante installation n'existe que pour l'apparence. Les dispositions intérieures sont généralement critiquées.

Cette appréciation a été aussi celle d'architectes du temps, et même aujourd'hui beaucoup de personnes la partagent quand, après avoir, au premier aspect, pris le bâtiment des écuries pour l'habitation du prince, ils en apprennent la destination.

On rapporte qu'un lord écossais étant venu visiter Chantilly à l'époque du grand Condé, disait qu'il fallait que ce prince eût trouvé les mines du Potose pour avoir pu créer et accumuler tant de belles choses.

M. le Duc, son arrière petit-fils, a fait des dépenses encore plus considérables, et c'est grâce aux ressources par lui puisées dans le Pactole parisien, avec la participation des frères Pâris, banquiers, qu'il a pu effectuer les grands travaux dont nous venons de parler.

Il est regrettable d'avoir à rappeler que la spéculation effrénée, développée en France par ce que l'on a appelé le système financier du trop fameux Law, a entraîné la ruine complète de nombreuses familles, séduites par l'appas d'une fortune rapide, tandis que des traficants, protégés par M. le Duc, y trouvaient l'occasion de bénéfices énormes.

Nous ferons remarquer que c'est à tort que plusieurs auteurs de notices sur Chantilly ont attribué au prince Henri-Jules de Bourbon, la fondation de l'hospice. Il a seulement fait un don pour l'édifier, ainsi que la princesse Charlotte-Marguerite de Montmorency, veuve de Henri II de Bourbon.

Des lettres patentes de Louis XV établissent et déclarent que le duc de Bourbon (Louis-Henri) doit être réputé fondateur dudit hospice.

L'abbé Expilly, dans son dictionnaire géographique et historique, qui a paru en 1762, dit que sur la fin de l'année 1718 le duc de Bourbon fit démolir le grand château qu'il trouvait d'un goût trop ancien et en fit élever un nouveau sur ses fondements.

Le même ouvrage constate qu'il y avait alors à Chantilly 150 feux, et à Coye 69 seulement.

Nous croyons devoir signaler encore que certains écrivains font une confusion de prénoms en donnant au duc celui de Jules, qui est un des prénoms de son aïeul, Henri-Jules, fils du grand Condé.

M. le Duc est décédé le 27 février 1740. Ses immenses constructions amenèrent l'accroissement rapide du bourg de Chantilly. Des terrains furent de nouveau concédés, et bientôt la grande rue projetée par Louis II de Condé, parallèle à la pelouse, fut garnie de maisons. La ville de Chantilly était faite, mais restait étroitement enserrée dans le domaine princier.

Si la vérité historique est défavorable au duc Louis-Henri de Bourbon, Chantilly ne doit pas cependant oublier sa générosité envers l'hospice ni le résultat que nous venons de signaler dû à ses nombreux travaux.

Louis-Joseph de Bourbon, prince de Condé, son fils, lui succéda. Il fit édifier à Chantilly le château d'Enghien faisant face au château principal. Il contribua aussi à l'agrandissement de l'hospice et, par des dons, en augmenta notablement les ressources.

Ce prince avait fait preuve d'un brillant courage et de capacité militaire dans la guerre, dite *de Sept Ans*, avec l'Allemagne.

La Révolution étant survenue, il émigra en 1789, peu de temps après la prise de la Bastille. A partir de ce moment, il employa, malheureusement, ses talents militaires à organiser une armée pour combattre contre la France. Elle fut surnommée l'armée de Condé. Il ne put rentrer en France qu'en 1814.

Le grand château avait été démoli pendant la première République, celui-là même que Monseigneur le duc d'Aumale fait présentement reconstruire, avec les modifications que demande le goût du temps.

Le prince Louis-Joseph de Bourbon est mort le 13 mars 1818, à l'âge de 83 ans.

Alors le domaine de Chantilly passa à son fils, Louis-Henri-Joseph, duc de Bourbon, prince de Condé, père du malheureux duc d'Enghien, que Napoléon Ier fit arrêter à Ettenheim, duché de Bade, et laissa fusiller après un simulacre de jugement, à Vincennes, le 21 mars 1804.

Le duc d'Enghien (Louis-Antoine de Bourbon), était né à Chantilly en 1772. Sa mère était la princesse Louise-Thérèse-Mathilde d'Orléans.

Le dernier des Condé est mort à Saint-Leu-

Taverny dans la nuit du 26 au 27 août 1830, peu de jours après la Révolution qui renversa du trône Charles X et sa famille et y appela Louis-Philippe Ier, père de Monseigneur Henri d'Orléans, duc d'Aumale, qui devint alors propriétaire du domaine de Chantilly, comme légataire universel du duc de Bourbon, dont il était le filleul et le petit neveu.

La baronne de Feuchères, qui dominait le vieux et faible prince, eut une forte part dans sa succession.

Elle fut accusée de l'avoir étranglé, puis, pour faire croire à un suicide, de l'avoir pendu à l'espagnolette de sa chambre à coucher du château de Saint-Leu ; mais la justice n'ayant pas trouvé dans les indices signalés la preuve certaine d'un crime aussi horrible, Madame de Feuchères put jouir paisiblement de la grande fortune qui lui fut donnée par le dernier des Condé, consistant en deux millions en numéraire, un riche mobilier, la terre de Mortefontaine, le château et le parc de Saint-Leu, la forêt de Montmorency, le château et la terre de Boissy et un hôtel à Paris.

Monseigneur le duc d'Aumale était bien jeune quand il devint propriétaire du château de Chantilly. Il suivait alors brillamment l'enseignement universitaire au Collége Henri IV, au milieu d'une jeunesse studieuse, se préparant ainsi à une vie active, libérale et patriotique.

Après la révolution du 24 février 1848, il vendit volontairement quelques parties détachées de son domaine, et, à la suite d'un décret rendu par Louis Napoléon, le 23 janvier 1852, il fût obligé de vendre la totalité de ce domaine qui appartint alors à deux banquiers anglais, M. Marjoribanks et sir Antrobus.

Puis, le renversement de l'Empire, en septembre 1870, ayant permis aux princes d'Orléans de rentrer en France, l'héritier du dernier des Condé put en redevenir propriétaire, grâce au loyal empressement de ses acquéreurs.

Nous allons parler maintenant des progrès de la population à Chantilly.

A la fin du XVII° siècle, il y avait à peine vingt habitations particulières.

On a vu qu'Expilly comptait 150 feux vers le milieu du XVIII° siècle.

Dans le *Dictionnaire Universel de France* de Saugrain de 1726, on porte à 689 le nombre des habitants.

Un autre écrivain, Robert de Hesselin, dans un ouvrage qui porte la date de 1771, fait mention de 1,000 à 1,200 âmes à cette dernière époque.

Le mouvement ascendant et rapide de la population, s'étant continué, Chantilly, successivement hameau ou village, bourg et ville avait acquis, avant les transformations territoriales opérées après 1789, une assez grande importance par le nombre de ses habitants et ses relations.

Aussi cette ville fut-elle érigée en chef-lieu de canton, lorsque la loi des 16-24 août 1790 remplaça les bailliages par l'institution des justices de paix.

D'après la nouvelle organisation administrative et judiciaire, le département de l'Oise fut divisé en plusieurs districts ou arrondissements, subdivisés en 76 cantons, dont 26 dans l'arrondissement de Beauvais, 19 dans celui de Clermont, 17 dans l'arrondissement de Compiègne et 12 dans celui de Senlis.

Mais le fonctionnement régulier de nombreuses justices de paix ayant paru difficile, faute d'un recrutement convenable et, de plus, trop onéreux pour l'État, une loi du 8 pluviôse an IX en prononça la réduction en statuant, par son article 3, que la population moyenne d'un arrondissement de justice de paix serait de 10,000 habitants et qu'il ne pourrait en être formé de plus de 15,000 âmes.

Le canton de Chantilly, établi en vertu de la loi du 24 août 1790, comprenait :

Apremont, Chantilly, Courteuil, Coye, Gouvieux, La Morlaye, Le Lys, Saint-Firmin, Saint-Léonard et Saint-Maximin.

Il y avait alors deux juges de paix à Chantilly,

l'un pour la ville, à cause de son importance, et l'autre pour l'extérieur, c'est-à-dire pour les communes du même ressort.

Un arrêté consulaire du 23 vendémiaire an X (15 octobre 1801), pris en exécution de la loi du 8 pluviôse an IX, laissa subsister le canton de Chantilly, en détachant seulement la commune de Courteuil qui fut ajoutée au canton de Senlis.

Cet arrêté réduisit de 76 à 35 les justices de paix du département de l'Oise, savoir :

11 pour l'arrondissement de Beauvais et 8 pour chacun des trois autres arrondissements.

Le canton de Creil fut, comme celui de Chantilly, maintenu par le même arrêté et il resta alors composé de Blincourt, Cires, Cramoisy, Creil, Saint-Leu, Maysel, Mello, Montataire, Nogent-les-Vierges, Précy, Tiverny, Saint-Vaast, Verneuil, Villers-sous-Saint-Leu et Villers-Saint-Paul.

Bientôt apparut la nécessité de créer un douzième canton dans l'arrondissement de Beauvais. On supprima celui de Chantilly, de sorte qu'il n'y en eut plus que sept dans l'arrondissement de Senlis, sans doute parce que cet arrondissement était alors moins peuplé que les trois autres du département de l'Oise.

La faveur fit maintenir le canton de Creil au détriment de Chantilly et c'est à la même époque que les communes de Saint-Firmin et de Saint-Léonard furent réunies au canton de Senlis.

La suppression du canton de Chantilly était peu justifiée, puisque cette ville avait alors plus de population et d'importance que celle de Creil. On le reconnut implicitement en lui maintenant le bureau de l'enregistrement des actes et mutations.

Depuis et des deux côtés, des revendications se sont souvent produites.

La ville de Chantilly et les communes voisines ont plusieurs fois manifesté leur vœu pour le rétablissement de leur ancien canton, sans être appuyées, il semble, dans cette juste et naturelle manifestation, par les derniers princes de Condé, imbus d'idées surannées; d'une autre part, Creil et des communes voisines pétitionnaient encore récemment pour obtenir le bureau de l'enregistrement au chef-lieu.

C'est cette circonstance qui nous a amené à prendre l'initiative de la demande ayant pour but le dédoublement du canton de Creil.

Nul n'oserait dire que Chantilly n'a point d'intérêt à être de nouveau érigé en chef-lieu de canton.

L'appréhension du despotisme de la multitude serait vaine et puérile, comme la crainte d'y voir naître un foyer de propagande d'idées et de principes dangereux. Au contraire, la ville et le nouveau canton auraient alors, dans la sphère morale et politique, une influence particulière et légitime qui leur manque aujourd'hui, à cause de la prédominance exclusive de deux communes importantes.

Enfin, un nouvel essor d'activité et de prospérité, dont profiteraient les communes voisines, résulterait nécessairement de ce changement, et déjà, à moins d'être dominé et aveuglé par l'esprit de parti, il faut reconnaître que la ville de Chantilly tend à devenir de plus en plus attrayante, grâce aux beaux travaux de l'héritier du domaine des Condé et aux agréments donnés aux visiteurs de ce domaine.

En voyant renaître le grand château de Chantilly avec les splendeurs du goût moderne, sous l'inspiration d'un prince, appréciateur éminent des belles choses, on peut, sans trop d'exagération, répéter ces deux vers :

« Dans sa pompe élégante, admirez Chantilly,
« De héros en héros, d'âge en âge embelli. »

DEUXIÈME PARTIE.

LE CHATEAU DE CHANTILLY, LES COURSES ET SUJETS DIVERS.

I.

NOTE HISTORIQUE SUR LE CHATEAU DE CHANTILLY.

La fondation de ce château est antérieure au xe siècle. Les comtes de Senlis le possédaient à cette époque. Le tableau qui suit en indique les détenteurs successifs depuis la fin du xe siècle jusqu'à ce jour.

Nos d'ordre.	NOMS des divers possesseurs du château de Chantilly depuis le xe siècle.	EXPLICATIONS.
1	ROTHOLD, comte de Senlis..................	Seigneur d'Ermenonville, vivait en 990 sous Hugues Capet.
2	FOULQUES, fils de Rothold..................	Seigneur d'Ermenonville, vivait en 1027.

Nos d'ordre.	NOMS des divers possesseurs du château de Chantilly depuis le xᵉ siècle.	EXPLICATIONS.
3	LANDRY, fils de Foulques................	Seigneur d'Ermenonville, vivait en 1070.
4	GUY Iᵉʳ, fils de Landry..	Vivait en 1099, seigneur d'Ermenonville, fut le père d'Étienne de Senlis, chancelier de France et évêque.
5	GUY II, fils aîné de Guy Iᵉʳ................	Grand Bouteiller de France, mort en 1112, sans postérité.
6	LOUIS, fils puîné de Guy Iᵉʳ................	Grand Bouteiller, mort en 1132, aussi sans postérité.
7	GUILLAUME Iᵉʳ, troisième fils de Guy Iᵉʳ........	Seigneur d'Ermenonville, Grand Bouteiller, vivait en 1147.
8	GUY III, fils de Guillaume Iᵉʳ.............	Seigneur d'Ermenonville, aussi Grand Bouteiller, mort en 1188.
9	GUY IV, fils de Guy III.	Seigneur d'Ermenonville, Luzarches, etc., Grand Bouteiller, mort en 1221.
10	GUY V, fils aîné de Guy IV................	Seigneur d'Ermenonville, vivait en 1225.
11	GUY VI, fils de Guy V...	Seigneur d'Ermenonville, mort sans postérité le 8 août 1248 au siége de Damiette.

Nos D'ORDRE.	NOMS des divers possesseurs du château de Chantilly depuis le xᵉ siècle.	EXPLICATIONS.
12	GUILLAUME II, fils puîné de Guy IV............	Seigneur de Courteuil, Montméliant, etc., etc., vivait en 1250.
13	JEAN Iᵉʳ, fils de Guillaume II...............	Mort en 1286, seigneur de Courteuil, Montméliant, etc.
14	GUILLAUME III, fils de Jean Iᵉʳ...............	Seigneur de Montméliant, Moussy-le-Neuf, etc., vivait en 1333. Il obtint à cette époque la permission de bâtir une chapelle dans le château de Chantilly.
15	GUILLAUME IV, fils de Guillaume III........	Seigneur de Montméliant, Moussy, etc., a vendu en 1347, la terre de Chantilly à Jean de Clermont dont il avait épousé la sœur.
16	JEAN DE CLERMONT (1)..	Maréchal de France en 1352, tué à la journée de Poitiers le 19 septembre 1356. Donna ou vendit cette terre à Guy de Laval.
17	GUY DE LAVAL, seigneur d'Attichy, Moussy, etc..	Vendit le 28 mai 1386 à Pierre d'Orgemont, la terre et seigneurie de Chantilly, la tour de Montméliant et le fief de Moussy-le-Neuf.

(1) Divers auteurs citent parmi les anciens seigneurs de Chantilly le sir d'Esquery et Jean de Laval au lieu de Jean de Clermont.

Nos d'ordre	NOMS des divers possesseurs du château de Chantilly depuis le xᵉ siècle.	EXPLICATIONS.
18	Pierre Iᵉʳ d'Orgemont, seigneur de Méry......	Chancelier et président du Parlement sous Charles VI, mort le 3 juin 1389.
19	Amaury d'Orgemont, fils aîné de Pierre Iᵉʳ...	Mort en 1400, seigneur de Montjoie, maître des Requêtes.
20	Pierre II d'Orgemont, fils d'Amaury.........	Tué à la bataille d'Azincourt en 1415, seigneur de Montjoie et chambellan du roi.
21	Pierre III d'Orgemont, fils de Pierre II......	Mort sans postérité le 10 mai 1492. Il avait donné en 1484 la seigneurie de Chantilly à Guillaume de Montmorency, son neveu.
22	Guillaume de Montmorency...............	Mort le 24 mai 1531, fils de Jean de Montmorency et de Marguerite d'Orgemont, sœur de Pierre III d'Orgemont.
23	Anne de Montmorency, fils de Guillaume......	Maréchal de France et connétable, mort le 12 novembre 1567.
24	François de Montmorency, fils aîné de Anne................	Maréchal de France, mort sans postérité, le 15 mai 1579.

Nos D'ORDRE.	NOMS des divers possesseurs du château de Chantilly depuis le xe siècle.	EXPLICATIONS.
25	Henry Ier de Montmorency, fils puîné de Anne..............	Maréchal et connétable, mort à Agde, le 2 avril 1614.
26	Henry II de Montmorency, fils de Henri Ier..............	Amiral et maréchal de France. Décapité à Toulouse, le 30 octobre 1632.
27	L'État ou Louis XIII et Louis XIV............	Les biens de Henri II de Montmorency furent confisqués au profit de la Couronne. En 1633, le roi Louis XIII rendit le duché de Montmorency à ses trois sœurs, mais il conserva la terre de Chantilly Louis XIV en eut aussi la possession pendant plusieurs années comme représentant l'État.
28	Henri II de Bourbon, troisième prince de Condé..............	Mort le 26 décembre 1646, marié le 3 mars 1609 à Charlotte-Marguerite de Montmorency, sœur de Henri II de Montmorency, Henri II de Bourbon a joui de la terre de Chantilly par la faveur de la régente Anne d'Autriche.

Nos D'ORDRE.	NOMS des divers possesseurs du château de Chantilly depuis le xe siècle.	EXPLICATIONS.
28	HENRI II DE BOURBON, troisième prince de Condé. (*Suite.*).......	mère de Louis XIV. Charlotte-Marguerite de Montmorency est morte le 2 décembre 1650.
29	LOUIS II DE BOURBON, quatrième prince de Condé, fils de Henri II de Bourbon..........	Duc d'Enghien appelé le *Grand Condé*, né le 8 septembre 1621, mort le 11 décembre 1686. En 1660, Louis XIV lui rendit la pleine propriété de Chantilly ou plutôt il en reprit possession à la suite et en vertu du traité de paix des Pyrénées du 7 novembre 1659.
30	HENRI-JULES DE BOURBON, cinquième prince de Condé, fils du grand Condé...............	Aussi duc d'Enghien, surnommé M. le Prince, né le 29 juillet 1643, mort le 1er avril 1709.
31	LOUIS III DE BOURBON, sixième prince de Condé, fils de Henri-Jules de Bourbon..........	Appelé M. le Duc, né le 11 octobre 1668, mort le 4 mars 1710, marié à Louise-Françoise de Bourbon, morte le 16 juin 1743.
32	LOUIS-HENRI DE BOURBON, septième prince de Condé, fils de Louis III de Bourbon..	Connu sous le nom de M. le Duc, fut premier ministre sous Louis XV, né le 18 août 1692, mort le 27 janvier 1740.

N°ˢ D'ORDRE.	NOMS des divers possesseurs du château de Chantilly depuis le xᵉ siècle.	EXPLICATIONS.
33	Louis-Joseph de Bourbon, huitième prince de Condé, fils de Louis-Henri de Bourbon.....	Né le 9 août 1736, mort le 13 mai 1818.
34	Louis-Henri-Joseph de Bourbon, neuvième et dernier des Condé, fils de Louis-Joseph de Bourbon............	Né le 13 août 1756, mort le 27 août 1830.
35	Henri — Eugène — Philippe - Louis d'Orléans, duc d'Aumale, fils de Louis - Philippe 1ᵉʳ, roi des Français................	Né le 16 janvier 1822. Le duc d'Aumale a été Gouverneur général de l'Algérie avant 1848, membre de l'Assemblée nationale de 1871, général commandant un corps d'armée, président du Conseil général de l'Oise où il représente le canton de Clermont et enfin il est membre de l'Académie française.

Observation particulière.

Forcé de vendre son domaine en exécution du décret rendu par le chef du Pouvoir qui s'était imposé au 2 décembre 1851, le duc d'Aumale le vendit à deux banquiers anglais, M. Marjoribanks et sir Antrobus, par contrat du 30 octobre 1852, passé devant M⁰ Ducloux, notaire à Paris. Mais il l'a racheté depuis, sous la République actuelle, des héritiers de ses acquéreurs, par un autre contrat des 13 et 18 juin 1873, passé devant M⁰ Lamy, notaire à Paris.

La mesure politique dont Louis Napoléon usa vis-à-vis de la famille d'Orléans avait des précédents.

En effet, après la chute de Napoléon I⁰ʳ, le gouvernement de la Restauration prit une mesure semblable, à la date du 12 janvier 1816, qui mit les membres de la famille de l'Empereur dans la nécessité de vendre leurs biens personnels dans le délai de six mois.

Ainsi, la terre de Mortefontaine qui appartenait au roi Joseph Bonaparte, frère aîné de l'Empereur, fut achetée par une dame de Villeneuve, née Clary, sa parente, et celle-ci la vendit plus tard au duc de Bourbon (Louis-Joseph), sans les fermes qui étaient en réalité restées appartenir, non à la dame de Villeneuve, mais à la princesse de Canino, fille et unique héritière de Joseph Bonaparte. Ces fermes ont été aliénées définitivement après la Révolution du 24 février 1848.

Enfin, par une loi du 10 avril 1832, le gouvernement du roi Louis-Philippe contraignit les princes de la branche aînée des Bourbons à se dessaisir de leurs propriétés en France.

Ces différents gouvernements se sont donc, dans des circonstances à peu près identiques, appliqué les mêmes lois de proscription et de rigueur politique pour se conformer à l'adage : *similia similibus*.

La République actuelle, au contraire, a laissé tomber ces lois en désuétude, et de plus, l'Assemblée nationale a voté, à la presque unanimité, la loi du 21 décembre 1872, qui rend à la famille d'Orléans les biens non encore aliénés dont elle avait été dépouillée, par le décret du 22 janvier 1852, émané de la volonté dictatoriale de Louis Napoléon, devenu empereur. Ce décret, ainsi abrogé, portait que les biens compris dans la donation faite par le roi Louis-

Philippe à ses enfants, à la date du 7 août 1830, seraient restitués au domaine de l'État.

Nous ferons remarquer que la famille d'Orléans n'a repris, aux termes de la loi du 21 décembre 1872, que les biens restés en nature et qu'elle a renoncé à tout recours ultérieur à l'égard de ceux vendus sous le gouvernement impérial, et dont le prix avait été versé dans les caisses de l'État.

II.

ÉVÉNEMENTS SURVENUS A CHANTILLY A LA SUITE DE LA PREMIÈRE RÉVOLUTION. — VENTE EN DÉTAIL ET DESTRUCTION DE L'ANCIEN CHATEAU.

Le mouvement libéral de 1789 ayant tourné en une révolution sanglante, Chantilly paya son tribut à l'hécatombe humaine de cette affreuse époque, appelée la Terreur.

Une irritation violente s'était produite à Paris lorsqu'on apprit que les princes de Condé, propriétaires du domaine de Chantilly, organisaient à l'étranger une armée pour combattre contre la France.

Louis-Joseph de Bourbon, né à Chantilly, le 9 août 1736, héritier du duc de Bourbon, qui fut premier ministre sous Louis XV, avait émigré aussitôt la prise de la Bastille, au 14 juillet 1789, avec Louis-Henri-Joseph de Bourbon, son fils, et Louis-Antoine-Henri de Bourbon, duc d'Enghien, son petit-fils.

Ces trois princes, regrettant le passé, signèrent un manifeste déplorable d'hostilité contre leur pays et ils le firent répandre par toute la France, ce qui mit le comble à l'irritation contre eux.

Mais comme ils étaient à l'étranger, la vengeance révolutionnaire se dirigea contre leurs partisans et leurs fidèles serviteurs, et en outre on voulut effacer jusqu'au souvenir de leur domaine de Chantilly.

Le château fut d'abord converti en une maison d'arrêt. On y enferma de 1793 à 1794 près de 1,100 personnes des deux sexes et de toutes conditions, et beaucoup furent envoyées à Paris pour y passer en jugement. C'était les vouer à une mort presque certaine.

Chantilly eut même, dans son sein, plusieurs victimes de l'effervescence populaire. Les témoins de cette sinistre époque ont raconté avec une vive et douloureuse émotion une horrible scène où l'on vit des gens furieux et affolés s'acharner après un vieillard innocent, M. Pigeaux, ancien meunier, que l'on traitait d'accapareur; le poursuivre et l'atteindre dans une maison où il s'était réfugié et caché sous un lit, lui faire subir les traitements les plus barbares, puis le traîner par la ville et le décapiter mourant sur la margelle d'un puits près de la place du Marché.

La Convention ordonna, par une loi du 3 nivôse an IV (24 décembre 1795), la vente de Chantilly.

Cependant, les écuries et le château d'Enghien,

alors affectés au logement de militaires et de gardes nationaux, en furent exceptés.

A l'égard du grand et du petit château, la vente en fut annoncée aux enchères publiques, en plusieurs lots, sur la mise à prix de 631,402 livres pour le 29 messidor an VII (17 juillet 1799.)

Le mode de vente adopté était un acte de vandalisme. On a peine aujourd'hui, sous un sage gouvernement républicain, à comprendre le trouble d'esprit et la rage de destruction qui portaient à aliéner cette superbe propriété de la manière suivante, indiquée par le cahier des charges :

Morcellement du domaine de Chantilly.

1° Un ci-devant château situé à Chantilly, flanqué de cinq tours, bâti en pierre, couvert en plomb et ardoises et élevé de quatre étages... ledit château contient en superficie 3,200 mètres ;

2° Le petit château communiquant à celui ci-dessus par un passage traversant le fossé, bâtiment comme dessus et élevé de deux étages ; plus un petit jardin contenant en superficie, y compris le château, 3,100 mètres.

3° Une partie de la première cour joignant le pont d'entrée vers la rue du 14 Juillet ;

4° La terrasse en face du grand château ;

5° Le grand perron communiquant à la prairie hors de la rue de la Révolution ;

Le tout évalué.................... 600,000. »

6° Les grands fossés qui entourent les ci-devant châteaux ;

Superficie, 6,000 mètres, estimés. 6,000. »

7° La prairie située en face de la terrasse, contenant 8 hectares 40 ares, non compris les pièces d'eau, estimée...................... 10,080. »

Deux allées d'arbres estimées..... 302. »

L'Ile du Hameau, contenance 5 hectares 1/2, estimée................ 2,200. »

Plantations.................... 2,500. »

Bâtiments, moulin à eau......... 6,000. »

9° La prairie entre l'Ile du Hameau et le grand canal, contenant environ 3 hectares, estimée................ 4,320. »

TOTAL DES ESTIMATIONS..... 631,402. »

Les plombs et cuivres du domaine de Chantilly furent vendus en vertu d'un décret de la Convention du 23 mai 1793.

La pelouse devait aussi être vendue pour y construire une ville.

Les deux châteaux avec leurs dépendances furent

adjugés, le 29 messidor an VII, pour 11,123,000 livres, à un sieur Cartier de Gisors, qui fit une déclaration de command au profit des citoyens Boulet, entrepreneur de bâtiments à Compiègne, et Damoye de Paris.

Le prix n'était en réalité que de 115,000 livres en numéraire, en le réduisant d'après la valeur des assignats à cette époque.

Ces acquéreurs n'ayant pas exécuté les conditions de payement furent dépossédés en l'an XIII.

Le petit château, les écuries et le château d'Enghien rentrèrent alors dans le domaine de l'État.

Malheureusement le grand château avait été démoli, il ne restait plus que les fondations.

Sous le gouvernement impérial, les écuries furent converties en caserne et la forêt fut donnée en apanage à la reine Hortense.

Lorsque l'empereur Napoléon Ier eut cessé de régner, le prince de Condé (Louis-Joseph) rentra en France, ainsi que son fils, avec les Bourbons de la branche aînée, et il fut remis en possession du foyer de ses pères.

Mais le jeune et malheureux duc d'Enghien avait péri dans les fossés de Vincennes!!...

Cette mort lamentable, rapprochée de celle de Louis Ier de Condé, blessé grièvement à la bataille de Jarnac (Charente), le 13 mars 1569, et malgré cet émouvant état, tué lâchement par Montesquiou, capitaine des gardes du duc d'Anjou, a inspiré au duc d'Aumale la réflexion suivante que nous trouvons dans son intéressante histoire des princes de Condé, restée inachevée puisqu'elle s'arrête au 14 mai 1610, date de la mort de Henri IV, assassiné par Ravaillac, et époque du retour en France de Henri II, de Condé, père du grand Condé.

« Singulière destinée « dit le duc d'Aumale » de
« cette illustre famille! Le premier des Condé tombe
« déloyalement frappé dans une guerre civile, en
« combattant contre le roi, et le dernier de sa race,
« après avoir, lui aussi, servi sous un drapeau qui
« n'était pas celui de la France, devait mourir dans
« les fossés de Vincennes, victime d'un attentat que
« l'histoire a justement flétri! »

Il ne restait plus, pour les deux princes, à leur rentrée à Chantilly, que des ruines à contempler, après les amertumes de l'exil et le triste souvenir du sort cruel du dernier rejeton des Condé.

Pendant leur exil, Richard Lenoir, dont le nom est demeuré justement populaire, avait établi à Chantilly deux usines pour la fabrication et le blanchissage de la toile. Ces usines, si utiles et si prospères à l'époque du *blocus continental*, cessèrent de fonctionner peu de temps après le retour des Bourbons.

III.

DESCRIPTION DU GRAND CHATEAU, DU CHATELET, DES ÉCURIES ET AUTRES DÉPENDANCES DU DOMAINE DE CHANTILLY. — LA FORÊT. LA PELOUSE. — L'HOSPICE FONDÉ PAR LA MAISON DE CONDÉ.

Les poètes, les historiens et même les orateurs sacrés, entre autres Bossuet, ont parlé avec un enthousiasme extraordinaire du merveilleux domaine de Chantilly. Nulle propriété princière ne pouvait lui être comparée; tout s'y trouvait réuni : site admirable, magnifique château renfermant de belles collections d'objets d'art, habitation entourée de belles eaux, bosquets et parterres charmants, canaux et bassins splendides, cascades et jets d'eau d'un effet ravissant.

Hélas! la pioche et le marteau des démolisseurs de 93 avaient détruit en grande partie toutes ces merveilles; mais bientôt, grâce aux travaux entrepris par Monseigneur le duc d'Aumale, il ne restera plus de traces du passage de la bande noire, et l'âge présent verra le domaine de Chantilly plus superbe que par le passé.

Les descriptions qui vont suivre faciliteront la comparaison.

Le nouveau château de Chantilly.

Ce château, dont la construction a été commencée en l'année 1876, est aujourd'hui presque complétement achevé. Il a été édifié sur les plans et sous l'habile direction de M. Daumet, architecte du Palais de Justice de Paris.

Cet architecte rend hommage aux connaissances artistiques et au goût distingué du prince qui a pris une part sérieuse à la conception du projet exécuté.

Le nouveau château est de style Renaissance avec ornementations inspirées par l'art moderne. Son caractère architectural se rapproche de celui du petit château d'Anne de Montmorency et est entièrement différent du style du château des Condé détruit à la suite des événements de 1793, lequel remplaçait le château féodal des Montmorency et avait surtout de l'analogie avec les monuments de la fin du siècle de Louis XIV.

Le nouveau château est élevé, comme les précédents, sur l'emplacement de l'antique manoir de Guillaume III le Bouteiller et du donjon de Rothold, comte de Senlis. Il embrasse identiquement le même périmètre, puisque l'on vient de relever les principales tours sur leurs fondations primitives et qu'elles forment toujours les parties saillantes et angulaires du bâtiment.

Il repose sur une immense roche dont la masse profonde est percée de plusieurs galeries pour l'usage du sous-sol et les communications avec le dehors. Cette masse de pierre se continue avec le même relèvement, mais seulement vers le levant, du côté de l'Esplanade, ou place dite *du Connétable*, sur laquelle se trouve l'entrée principale du château.

Le château était autrefois accompagné de sept grosses tours, dont deux non relevées se trouvaient de chaque côté de l'entrée de la cour d'honneur pour défendre le pont-levis. Trois autres tours ont été rétablies complétement, elles sont surmontées chacune d'un gracieux lanternon. Une quatrième tour, qui se trouvait à l'angle oriental du bâtiment, n'a été rétablie qu'en partie avec un dôme. Ce sera le lieu sépulcral destiné à renfermer les cœurs des Condé. Il forme un hémicycle derrière la nouvelle chapelle dans laquelle doit être placé le curieux autel qui ornait la chapelle du château d'Ecouen.

Cet autel, d'une admirable exécution, est attribué à Jean Goujon.

La nouvelle chapelle est surmontée d'un campanile ou clocher élégamment orné et plus élevé que les lanternons des tours. On a pu voir à la grande Exposition de 1878 les trois belles cloches portant des noms de la famille princière et qui doivent former le beffroi de cette chapelle.

L'ancienne chapelle était presque au milieu de la façade qui est parallèle au petit château. Une tour existait à côté du pont-levis qui servait pour communiquer du grand château avec le châtelet. Cette tour, qui formait la septième, n'existe plus, et le pont-levis a été remplacé par la construction qui relie maintenant les deux châteaux.

Un porche superbe, précédé d'un pont en pierre terminé par un pont-levis du côté du château, donne entrée dans la cour d'honneur par la place du Connétable. Ce porche rappelle celui du château de Fontainebleau, appelé le baptistère de Louis XIII.

Les constructions existant de chaque côté de l'entrée sont assises en partie sur les fondations des deux anciennes tours, dont nous avons parlé plus haut. Ces constructions consistent en deux galeries à jour, sans communication entre elles, avec terrasses devant; la galerie à droite de l'entrée conduit au logis et l'autre, étant à gauche après le logement du concierge, conduit à la chapelle. Il y a au-dessus de ces galeries une terrasse continue servant de promenoir entre le logis et la chapelle. La terrasse dans le bas, à gauche de l'entrée, est précédée de plusieurs marches sur la cour, formant un superbe perron conduisant à la chapelle.

La cour est restée presque triangulaire.

Une gracieuse construction à arcades, en forme de dôme, avec des œils de bœuf, sert d'arrêt à couvert et de passage pour les voitures. Elle est aussi surmontée d'un élégant lanternon. Elle se trouve près de l'emplacement qu'occupait l'ancienne tour de la chapelle. Vient ensuite un vestibule au fond duquel existe une porte pour communiquer avec le premier étage du petit château. A gauche de ce vestibule est l'escalier d'honneur qui précède la galerie conduisant à la chapelle, et à droite, en montant les onze marches d'un beau perron, on arrive à la salle des banquets, percée de grandes fenêtres du côté de la pelouse, puis à un salon octogone, d'où la vue se porte également sur la pelouse.

Ce salon est nommé *la Tribune*, titre qui rappelle l'une des salles du palais des offices à Florence.

La façade du château, du côté du midi, se termine d'un bout par la nouvelle chapelle, et de l'autre par la tour dite *des Médailles*.

En retour, au couchant, existe une galerie vitrée

offrant un magnifique coup d'œil sur les parterres et sur Vineuil. Les vitraux placés dans les larges baies de cette galerie proviennent du château d'Ecouen. Ils représentent l'histoire de Psyché.

Attenant d'une part à la galerie des vitraux, et d'autre part à la salle des banquets, se trouve une grande et superbe salle, devant former un musée, qui se termine, du côté des parterres, par la tour médiane, et au long de cette grande salle s'étend une galerie de dégagement qui donne sur la cour d'honneur et qui servira d'office. Après la tour médiane ou du Musée, sont les pièces formant le logis auxquelles donne accès une grande galerie servant de vestibule qui prend jour sur la cour.

Le logis a vue sur les parterres; on y arrive, soit par un perron qui conduit également au musée, soit par la galerie qui est à droite de l'entrée du château. Ce logis est à un étage surmonté d'un comble comprenant des pièces habitables. Il s'étend de la tour médiane à la troisième tour, dite *du Connétable*, laquelle a vue sur le château d'Enghien et le parc de Sylvie.

Autour des bâtiments principaux règne une balustrade à la partie supérieure.

Les pièces du sous-sol sont en communication directe avec le rez-de-chaussée du petit château. Parmi ces pièces il y a, au-dessous de la salle des banquets, un beau salon d'été avec un perron sur le jardin du châtelet, appelé le jardin *de la Volière*.

Le grand château n'est plus séparé du petit par un fossé, mais l'eau circule sans interruption des trois autres côtés des deux châteaux, lesquels, se trouvant ainsi réunis, sont comme édifiés dans une île.

Nous décrirons plus loin le châtelet que la fureur révolutionnaire de 93 a épargné.

L'ancien château des Montmorency.

Ce château est décrit, avec des vues qui méritent d'être consultées, dans l'ouvrage d'Androuet du Cerceau, architecte, paru en 1576, sous Henri III, dédié à Catherine de Médicis, mère de ce roi et veuve de Henri II, ledit ouvrage ayant pour titre : *Les plus excellents bâtiments de France*.

Ce lieu, dit cet auteur, est situé aux confins de la France (l'Ile de France).

Le bâtiment consiste en deux places : la première est une cour dans laquelle sont quelques bâtiments disposés pour les offices; la seconde est une autre cour triangulaire et plus élevée que la première de 9 à 10 pieds. Il faut donc monter de la première cour pour venir à la seconde, autour de laquelle est le bâtiment seigneurial, bien établi. Ce bâtiment et la cour sont fondés sur un rocher où il y a de l'eau à deux étages. Des allées voûtées, communiquant entre elles, produisent l'effet d'un labyrinthe.

« Il y a l'eau des fossés entourant les châteaux, provenant en partie de sources de la propriété, et l'eau amenée par un aqueduc partant d'au-delà de Saint-Léonard, au lieu dit *l'Hôtel-Dieu des Marais*, et venant traverser souterrainement la cour du grand château. »

Le bâtiment seigneurial ne tient parfaitement, ni de l'art antique, ni de l'art moderne, mais des deux ensemble ; les faces en sont belles et riches.

En la première cour est l'entrée du logis. Les faces des bâtiments, tant sur la cour que dehors, rappellent l'art antique.

Les deux cours, avec leurs bâtiments, sont entourées comme d'un étang avec un fossé de séparation entre elles où passe l'eau, et au-dessus se trouve un pont pour aller d'une cour à l'autre.

« L'eau ne passe plus entre les deux châteaux ; le fossé a été comblé. »

Joignant le grand corps de logis, il y a une terrasse pratiquée d'un bout du parc, à laquelle on va de la cour du logis seigneurial au moyen d'un pont qui fait la séparation de ce logis et de la terrasse, et de cette terrasse on vient au parc par-dessus un arc sur lequel est pratiqué un passage couvert. Il y a aussi, entre ladite terrasse et le parc, un passage par bas en manière de fossé qui sert de voie commune, avec de bonnes murailles pour soutenir les terres du côté du parc et du côté de la terrasse.

Ce château est accompagné d'un grand jardin avec une galerie à arceaux, d'un côté élevée un peu plus haut que le sol du jardin. Il y a une basse-cour dans laquelle sont plusieurs bâtiments servant d'écuries.

Il y a un autre jardin à côté et moins grand, et ces deux jardins sont environnés de bois, prés, cerisaies et autres arbres. Quelques parties sont fermées par des canaux. On y voit la héronnière. Le parc est fort grand; à l'entrée, du côté du château, se trouve une pièce d'eau d'aspect agréable.

Ce lieu est fermé du côté de Paris par la forêt dans laquelle il y a une voûte pour aller au grand chemin de Paris. En somme, il est tenu pour une des plus belles places de France.

Peu d'années avant la destruction du grand château, un autre écrivain faisait de Chantilly la description suivante, que nous reproduisons comme celle d'Androuet du Cerceau, presque textuellement :

« Il y a, dit cet écrivain, deux châteaux à Chantilly; ils sont à côté l'un de l'autre et communiquent ensemble par des ponts et des corridors. Ils sont distingués en grand et petit château. »

Le grand château des Condé.

On arrive au grand château par la terrasse où aboutit la route du Connétable.

Ce château est bâti sur une roche et est entouré de fossés larges et profonds, toujours remplis d'eau vive dans laquelle les carpes sont multipliées à l'infini. Il est flanqué de tours rondes en saillie, surmontées de lanternes, ornées de pilastres, qui se communiquent mutuellement par une galerie extérieure faisant le tour du château. Le dessus de la porte d'entrée est décoré des armes de la maison de Condé, soutenues par deux anges et accompagnées de trophées qui remplissent les quatre panneaux; il y en a pareillement sur les acrotères.

On entre d'abord dans un grand vestibule qui conduit à une cour à cinq faces de bâtiment, irrégulières et embellies de sculptures et de colonnes, dont une est parsemée des armoiries de la maison de Montmorency, et deux autres de celles de la maison de Bourbon-Condé; trois de ces faces présentent deux rangs de colonnes, dont les supérieures supportent des trophées de guerre. Une des faces de cette cour est neuve et a été élevée par Mansart. On y voit un cadran soutenu par deux génies et accompagné des figures d'Iris et du Temps. Elle est coupée par trois arcades décorées de colonnes corinthiennes et d'un fronton brisé conduisant au grand escalier et à la chapelle.

La chapelle est un bâtiment en rotonde orné de deux ordres d'architecture; l'inférieur représente des trophées et le supérieur des pilastres corinthiens; on y vient des appartements supérieurs au moyen d'une tribune. On y distingue trois tableaux : la *Résurrection de Notre-Seigneur* est sur l'autel; on dit que c'est une copie. A droite est *Jésus-Christ*, montrant ses plaies à ses apôtres, et à gauche la *Cène*; celui-ci est du Bassan.

Cette chapelle a été bâtie en 1718 par Louis-Henri duc de Bourbon, septième prince de Condé, sur les fondements de l'ancienne. En démolissant celle-ci, on y trouva un cercueil de plomb renfermant un corps qu'on a cru être celui de Guillaume le Bouteiller, troisième du nom, seigneur de Chantilly, auquel on avait donné en 1333 la permission de bâtir cette chapelle et qui fut le dernier de sa maison possédant cette terre, que vendit Guillaume IV, son fils et son héritier. Ce cercueil et le corps qu'il renfermait furent transportés dans l'église de Chantilly.

Le grand escalier se présente d'une manière majestueuse. Il est fort large, orné d'une balustrade de fer couverte d'ornements de bronze doré et se divise ensuite en deux rampes égales à droite et à gauche; au milieu de cet escalier, sur le palier où se fait la division des deux rampes, on voit la statue du grand Condé, en marbre blanc, entouré d'attributs relatifs à ses belles actions. C'est l'ouvrage de Coysevox. On lit sur le piédestal les vers suivants de Santeuil.

« *Quem modo pallebant fugitivis fluctibus amnes,*
« *Terribilem bello, nunc docta per otia princeps,*
« *Pacis amans, lætos dat in hortis ludere fontes.* »

Le sens figuré de ces vers est difficile à rendre en français. Nous en donnons cependant une traduction;

« Ce prince, qui autrefois, guerrier redoutable,
« était l'épouvante des fleuves dont les ondes fuyaient
« devant lui, maintenant, ami de la paix, dans de
« studieux loisirs, s'adonne à créer d'agréables
« sources jaillissantes dans ses jardins. »

Voici une imitation en vers de la même inscription.

Terrible au milieu des combats,
Des fleuves saisis d'épouvante,
Ce héros, jadis sous ses pas,
Voyait fuir l'onde pâlissante.

Aujourd'hui, loin des champs de Mars,
Ami de la paix et des arts,
Parmi ces retraites charmantes,
Condé, coulant des jours sereins,
Permet aux fontaines riantes
De se jouer dans ses jardins.

Le Châtelet.

Le petit château, appelé autrefois la capitainerie, est de style Renaissance. C'est le connétable Anne de Montmorency qui l'a fait édifier de 1541 à 1545. Il a été construit, dit-on, par Jean Bullant qui prenait le simple titre de maître maçon de M. le Duc, bien qu'on pût le regarder comme architecte d'un grand mérite.

Ce château, placé en contre-bas du grand, en était alors séparé par un large fossé rempli d'eau, mais se trouvait en communication au premier étage avec le rez-de-chaussée du grand château, au moyen d'un pont-levis protégé par une tour qui a été rasée. Le fossé a été comblé depuis et le pont-levis remplacé par des constructions qui relient maintenant les deux châteaux.

L'entrée principale du châtelet est au levant, du côté du fer à cheval, au-dessous de la place du Connétable. Il y avait autrefois deux ponts-levis, l'un conduisant dans la cour du châtelet et l'autre à l'entrée où se trouve maintenant une loggia vitrée. Ces deux ponts-levis n'existent plus. Il y a un seul pont provisoire en pierre qui sera remplacé par un autre pont en partie pont-levis à l'entrée de la cour ; ce pont traversera le fossé rempli d'eau qui se développe autour des deux châteaux.

Le petit château avait été embelli par les princes de la maison de Condé.

De grands et superbes travaux viennent d'y être faits à l'intérieur par Monseigneur le duc d'Aumale.

Ce château échappa à une destruction barbare en 1793, mais il fut tellement délaissé qu'à la rentrée en France de Louis-Joseph de Bourbon Condé, ce prince le trouva dans un délabrement si complet, que pendant une visite qu'il reçut, en 1815, de l'empereur Alexandre, l'eau du ciel ayant pénétré à travers les galeries, on dut apporter des parapluies.

Le châtelet est orné au dehors de pilastres corinthiens. On remarque les armes et la devise répétées des Montmorency dans la loggia qui est garnie en marqueterie avec des peintures dans son plafond cintré.

La devise des seigneurs de Montmorency se résumait dans le mot grec Ἀπλανῶς, qui signifie *sans errer ni varier.*

Le rez-de-chaussée du châtelet est à fleur d'eau du

fossé ou bassin qui environne les deux châteaux avec un balcon regardant la pelouse.

Ce rez-de-chaussée est composé de :

La loggia au levant et petits appartements à côté sur la cour, appelés le pavillon de Jean Bullant et chambre des aides de camp.

A la suite de la loggia sont : le cabinet de travail du duc, puis salon où sont les portraits originaux des Condé ;

Chambre du duc et cabinet de toilette ;

Boudoir dit de Wateau où sont des peintures ;

Salon rond ; salon des Dames ou de Guise ;

Chambre de la duchesse et toilette ;

Toutes ces pièces sont en façade sur la pelouse.

Et cinq autres pièces en façade sur le jardin de la Volière, désignées : chambre de Naples, chambres de la Bruyère, de Jeanne d'Arc, de la Reine et de Louis III.

Le premier étage se trouve de plein pied avec le rez-de-chaussée du grand château. Ses hautes fenêtres du côté de la pelouse sont séparées par des pilastres corinthiens ; elles semblent se confondre avec celles du rez-de-chaussée auxquelles elles sont superposées.

Ce premier étage comprend :

Le salon de musique, du côté du levant, au-dessus du cabinet du duc et regardant la pelouse et l'esplanade; chambre dite *de Jean Bullant*, et salon derrière sur la cour;

Une belle galerie appelée la galerie *des Batailles*, où sont représentés les exploits militaires du grand Condé;

Un autre salon appelé le salon *de Wateau* ou des singes;

Un autre dit *le salon d'angle*, faisant face au jardin de la Volière.

Et en retour, regardant ledit jardin:

Grande chambre;

Salon de mosaïque;

Salon de chasses et chambres;

Enfin une grande pièce contenant la bibliothèque du prince.

La cour du châtelet a été agrandie par la suppression du fossé qui séparait les deux châteaux.

Une galerie en bois provenant du château d'Ecouen a été placée dans cette cour et communique avec une galerie intérieure, faisant partie de la construction récente qui réunit les deux châteaux; cette construction est surmontée d'un gracieux campanille. On remarque à la façade du côté de la cour, une belle horloge et un fronton Renaissance avec les armes des Condé, et en outre une jolie lanterne vénitienne rapportée par le comte de Paris.

Un vestibule ouvre sur la cour et communique

aux soubassements et au salon d'été ou du Roi, auquel on a accès par un perron sur le jardin de la Volière.

Le châtelet a un porche du côté du couchant sur ce jardin, auquel on arrive des parterres par un pont qui traverse le bassin.

A l'intérieur du châtelet, on remarquait surtout parmi les tableaux, une curieuse peinture commandée à Michel Corneille par le fils du grand Condé, représentant le vainqueur de Rethel et de Rocroy, foulant aux pieds les titres de ses conquêtes et de ses expéditions faites à la tête de l'armée espagnole, imposant d'une main silence à un génie prêt à publier les victoires de Valenciennes et de Condé et ordonnant de l'autre à la Renommée d'annoncer son repentir. Au bas du tableau, l'Histoire foule aux pieds l'Erreur et déchire à regret plusieurs feuillets de la vie du prince.

A peu de distance du petit château, à droite en venant par la grille qui ferme le pont séparant le bassin du château de celui de Sylvie, avec loge de gardien de chaque côté, s'élève le château d'Enghien construit par l'avant-dernier prince de Condé.

En face du grand château se trouve la terrasse de laquelle on descend par un escalier monumental dans les parterres dessinés par Le Nôtre. Ces parterres sont de la plus grande beauté; les eaux y sont très-bien distribuées et produisent des effets admirables. Le canal y est remarquable par son étendue. Sur le côté de ce canal, vers Vineuil, se trouvait la ménagerie qui a été détruite.

On avait placé, au milieu de la terrasse dont il est parlé plus haut, autour de la statue du dernier connétable, Henri Ier de Montmorency, plusieurs pièces de canon qui furent enlevées, ainsi que la statue, en 1793. Ces canons étaient ceux pris par le prince de Condé, Louis-Joseph, à la bataille de Gruningen, le 25 août 1762; ils portaient l'indication suivante :

Condeus
Eripuit hosti
Gruningæ hassiacæ
Die XXV Augusti
MDCCLXII.

✝

Les écuries.

Un vaste et magnifique corps d'architecture dont la façade regarde la pelouse, renferme les écuries.

Chacune des ailes se termine par un pavillon dont l'entablement est couronné d'une balustrade en pierre qui tourne autour du bâtiment. Ces pavillons ont trois arcades; dans celles du milieu sont des portes avec des amortissements qui soutiennent trois figures de chevaux à mi-corps. Le pavillon central, surmonté d'un dôme, fait saillie. Ceux des extrémités sont aussi en saillie, mais peu prononcée.

Dans le renfoncement du cintre de l'arcade de la principale porte sur la pelouse sont trois chevaux sculptés en demi-relief. De chaque côté de ce cintre l'on voit deux groupes de lions supportés par des pilastres ioniques. La corniche forme un fronton circulaire sur le cintre duquel deux génies tiennent les armes des Condé. Le dôme est surmonté d'une terrasse sur laquelle avait été posée une Renommée à cheval qui a été détruite en 1793 à coups de canon, malgré son élévation. Par la grande porte, on entre sous le dôme et, en face, se trouve une fontaine dont l'eau est reçue dans une cuvette où étaient autrefois deux chevaux en pierre et plomb de grandeur naturelle.

L'un semblait s'abreuver et avait près de lui un enfant embouchant une conque marine, L'autre buvait dans une coquille tenue par un autre enfant.

Dans le haut de l'arcade sont deux génies tenant un cartel dans lequel est l'inscription suivante :

« Louis-Henri de Bourbon, septième prince de
« Condé,
« A fait construire cette écurie et les bâtiments qui en dépendent,
« Commencés en 1719 et finis en 1735. »

Ces écuries peuvent contenir 240 chevaux.

Les murs sont ornés à l'intérieur de têtes de cerfs ; à chaque extrémité, on a représenté deux chasses, l'une au loup, l'autre au sanglier.

Au bout des écuries est un manége découvert faisant face au château.

Il n'y a plus de chevaux dans les écuries dont une partie sert, en ce moment, d'Orangerie ; mais il est question de refaire des boxes.

La grande construction que nous venons de décrire est célèbre dans toute l'Europe. Elle a été visitée par plusieurs souverains. Des fêtes splendides et des banquets somptueux y ont été donnés. On y a même fait des représentations théâtrales sous le dernier des Condé. Mais le plus mémorable souvenir qu'ont laissé ces fêtes, est celui de la réception faite au comte du Nord, nom sous lequel le czar Paul Ier était venu en France. Le prince de Condé, l'ayant invité à venir faire un séjour à Chantilly, fit préparer un magnifique festin sous le dôme des écuries. Des draperies splendides furent tendues de tous côtés. Après une brillante chasse, le prince conduisit le czar dans les écuries et ce dernier crut entrer dans un palais. Le repas eut lieu ; on entendit une harmonieuse symphonie.

Le festin fini, le prince dit à son hôte impérial :

— Où croyez-vous être ?

— Je crois être et je suis dans une magnifique salle à manger.

— Vous êtes dans l'illusion, dit le prince.

Au même instant le cor donne le signal, les tapisseries disparaissent et le comte du Nord apercevant une grande quantité de chevaux à droite et à gauche de deux longues galeries illuminées, reconnut que la salle superbe où il avait été reçu n'était réellement qu'une écurie.

Curiosités diverses.

Parmi les curiosités de la nature et de l'art que l'on admirait autrefois dans ce beau domaine, on cite les suivantes :

L'Orangerie, fort beau morceau d'architecture ; son parterre avait cinq bassins remplis par des jets d'eau jouant continuellement ;

La Galerie des cerfs, contiguë à la serre de l'Orangerie, ouverte sur le parterre et décorée de cerfs portant au cou des guirlandes de feuilles de chêne ;

Les bosquets séparés de l'Orangerie par un petit canal et remplis de portiques en treillages, de bassins, de jets d'eau et de jeux divers tels que l'escarpolette, la bascule, la roue de la fortune ;

L'Ile d'Amour, délicieuse retraite, formée de salles de verdure, ornées de jets d'eau et offrant différents jeux ;

Les cascades de Beauvais, assemblage de mascarons, de coquilles, de rocailles, de jets d'eau, auquel conduisaient quatre rampes ornées à leurs extrémités de figures de marbre ;

La fontaine de la Tenaille, gerbe d'eau sortant d'une coupe portée sur un piédestal, d'où elle retombait par quatre masques ;

La grande Cascade, vaste réunion de bassins circulaires ou octogones, de nappes, de chandeliers et de jets d'eau bondissant, jaillissant, écumant au milieu de panneaux de rocailles ;

Le grand jet d'eau jaillissant à une hauteur de 20 mètres, près d'une statue en pied du grand Condé ;

Le pavillon de Manse contenant la pompe destinée à alimenter le réservoir des eaux hautes du château ;

Le pavillon des Eaux où est une source d'eau minérale tombant dans un bassin monolythe de forme octogone ;

Le canal des Truites, ainsi appelé d'une très-belle source qui le fournit et dont l'eau, pour la fraîcheur et la transparence, ne peut mieux être comparée qu'à la fontaine du Ris, ornement des jardins d'Armide ;

Le grand Canal, long de 3,000 mètres et large d'environ 80 mètres formé par un bras de la Nonette qui tombe en écumant d'un bassin de 20 mètres de diamètre;

Le jardin ou parc de Sylvie, où s'élève la petite maison du même nom, près de l'étang limpide dans les eaux duquel le poète Théophile voyait s'ébattre les poissons jaloux de se prendre aux hameçons de la Dame du lieu;

Le jeu de l'Oie pratiqué dans un bosquet avec des pierres marquant les numéros et des figures d'oie montées sur des piédestaux;

Le jeu de l'Arquebuse formé d'une croix de gazon, avec des allées d'épicéas, terminées par des portiques de maçonnerie;

La Ménagerie, comprenant plusieurs cours ornées de fontaines en rocaille, avec des animaux peints de leur couleur naturelle, et plusieurs pavillons destinés à continuer la précieuse collection d'animaux exotiques, qui, à l'époque de la Révolution, fut transportée au Jardin des Plantes de Paris;

La Laiterie décorée de bassins de marbre alimentés par une source abondante;

Le jardin Anglais, où s'élevait un petit temple renfermant une statue de Vénus Callipyge et le Hameau formé de quelques maisonnettes rustiques, dans le goût du Petit-Trianon. Ces deux établissements sont dus au prince Louis-Joseph, qui les fit exécuter vers 1780.

La forêt de Chantilly se relie, au sud, avec le bois d'Hérivaux et la forêt de Coye et à l'est avec la forêt de Pontarmé ou de Senlis. Ces forêts s'étendent sur un sol sablonneux, mêlé d'argile; de longues routes régulières et des allées ou layons les traversent en divers sens. Douze de ces routes, ayant près d'une lieue de longueur, rayonnent d'un rond-point nommé la Table, à cause d'une table en pierre qui y est dressée. Ce carrefour, que l'on croit avoir été établi par le connétable Anne de Montmorency, servait autrefois aux haltes de chasse, et c'est là que, du temps du dernier Condé, se faisait ordinairement la curée.

La forêt de Chantilly renferme les étangs de Commelle où souvent les cerfs épuisés et affolés par la poursuite des chasseurs viennent se jeter à l'eau et se faire prendre dans cet endroit où s'élève un petit castel gothique désigné sous le nom de *château de la loge de Viarmes* ou *de la reine Blanche*. Il a été créé en l'année 1826 pour servir de rendez-vous de chasse et occupe, dit-on, l'emplacement d'un château du moyen âge qu'habitèrent la reine Blanche et saint Louis.

Le domaine princier de Chantilly s'étend sur plusieurs territoires et occupe une superficie de plus de 11,000 hectares consistant en bois, terres, prés, bosquets, parterres, canaux, emplacements des châteaux, des autres constructions et diverses dépendances. Le grand parc d'Apremont où se trouve la faisanderie contient plus de 1,000 hectares.

C'est dans le village de Saint-Firmin, voisin de ce parc, que s'était retiré l'abbé Prévost, auteur d'un grand nombre d'ouvrages, entre autres du roman de *Manon Lescaut*. En 1763, se promenant dans la forêt, il fut frappé d'une attaque d'apoplexie. Sur le moment on le crut mort, et un chirurgien fut appelé pour faire l'autopsie ; mais au premier coup de scalpel il poussa un cri terrible. Toutefois il ne tarda pas à rendre le dernier soupir.

La pelouse.

La magnifique pelouse de Chantilly a une étendue de près de 51 hectares. Elle est encadrée par la forêt, par de belles villas accompagnées de jardins réguliers, par la grande construction des écuries, et, plus loin, par le nouveau et resplendissant château du duc d'Aumale qui se détache dans ce panorama, surtout si on le contemple des tribunes de l'hippodrome.

Ce champ de verdure est d'un aspect grandiose ; on y remarque, outre les tribunes des courses, une ancienne chapelle dite *la chapelle Sainte-Croix*, entourée d'arbres verts et autres. On aperçoit sur la droite du nouveau château, le château d'Enghien, long bâtiment que l'on pourrait prendre pour une caserne. Beaucoup de personnes espèrent que Monseigneur le duc d'Aumale en fera le sacrifice et le remplacera par une élégante et gracieuse construction plus en harmonie avec la pelouse et les beaux travaux qu'il fait exécuter en ce moment.

La pelouse se termine du côté du levant par un massif de marronniers. Entre ce massif et les écuries se trouve un groupe de six beaux tilleuls dont la tête majestueuse frappe de loin le regard et produisent également le meilleur effet quand, du château, la vue se porte vers la pelouse.

On raconte que ces arbres, qui semblent avoir plus de deux siècles, auraient poussé là comme par enchantement. Une baguette magique les aurait fait surgir en une nuit. A notre époque, il n'est pas rare de voir transplanter des arbres qui ont 30, 40 et même 50 ans, mais il y a un siècle et demi, lorsque le duc Louis-Henri de Bourbon fut exilé à Chantilly et fit construire les écuries, il pouvait paraître phénoménal de faire, avec succès, une pareille transplantation. C'est cependant ce qui aurait eu lieu pour complaire à la marquise de Prie, qui ayant émis l'idée qu'un groupe d'arbres sur la pelouse satisferait la vue, le prince lui fit la surprise d'une prompte réalisation de ce vœu et, en une nuit, six forts tilleuls furent plantés à l'endroit où ils sont encore aujourd'hui, verts et vigoureux.

Telle est du moins la légende relative aux six tilleuls de la pelouse. Nous ne regardons pas le fait comme certain, mais il est vraisemblable, étant donné l'ascendant que la belle marquise exerçait sur l'esprit du duc.

Ce trait de galanterie extraordinaire rappelle un fait encore plus singulier, car il est en sens contraire et dénote un sentiment rare d'ingénieuse et excessive déférence.

Un courtisan des plus habiles à flatter et à prévenir les désirs de Louis XIV, le duc d'Antin, ayant eu la visite de ce roi à sa campagne de Petit-Bourg, son royal hôte ne trouva pas de son goût les beaux arbres séculaires qui entouraient la demeure du courtisan parce qu'ils cachaient la vue de la rivière; il laissa voir son impression. Le lendemain, quand Louis XIV, à son lever, jeta les yeux sur le parc, tous les arbres qui pouvaient gêner la vue tombèrent instantanément. Le duc d'Antin les avait fait scier par le pied pendant la nuit. Spirituelle manière de flatter, très-admirée de Voltaire.

L'hospice de Chantilly.

Le bâtiment affecté à l'hospice de Chantilly est situé à l'extrémité occidentale de la ville. Il est vaste, aéré, bien distribué, convenablement placé, également éloigné de la forêt et des cours d'eau.

Cet hospice avait été projeté par le prince Henri-Jules de Bourbon, mais le véritable fondateur fut le duc Louis-Henri de Bourbon, son petit-fils, ainsi que l'établissent des lettres patentes de Louis XV, datées du 19 mai 1736, enregistrées au parlement, le 1er août même année.

Ces lettres patentes renferment un règlement qui a été plusieurs fois modifié et dont nous allons rapporter les principaux articles.

Article premier.

Sera le duc de Bourbon réputé fondateur et conservateur de l'hôpital de Chantilly.

Art. 2.

Cet hôpital sera régi et administré par les personnes qui seront choisies et préposées à cet effet par le duc de Bourbon et par ses successeurs, seigneurs de Chantilly, et en tel nombre qu'ils le croiront convenable, sans toutefois que cette administration puisse être confiée à aucuns réguliers religieux et autres gens de communauté.

Art. 3.

Le duc de Bourbon et après lui ses successeurs, seigneurs de Chantilly, choisiront telles personnes qu'ils trouveront à propos pour recevoir les revenus dudit hôpital et pour faire tous les paiements nécessaires, pourront aussi changer et déplacer lesdits receveurs lorsqu'ils le jugeront convenable pour le bien et l'utilité dudit hôpital.

Art. 21.

Il y aura, dans ledit hôpital, trente-six lits pour y recevoir les malades ou blessés des deux sexes, auxquels on puisse espérer de procurer la guérison, et dix-sept lits pour ceux qui seront affligés de maladies incurables.

Le remarquable établissement hospitalier de Chantilly est justement désigné sous le titre d'hospice Condé parce que les princes de ce nom ont tous contribué à sa fondation ou à son agrandissement ainsi qu'au développement de ses moyens de secours.
Monseigneur le duc d'Aumale vient d'y consacrer des sommes considérables pour en augmenter et en améliorer les dispositions intérieures et, de plus, chaque année, il prend à sa charge les nombreuses fournitures de pain et de viande qui sont faites aux indigents des diverses communes de l'ancienne chatellenie de Chantilly.
Il est assurément peu d'établissements de ce genre qui révèlent autant de sollicitude et apportent plus

de soulagements aux diverses misères de la vie que l'hospice parfaitement administré de Chantilly.

Les soins y sont donnés par les sœurs si dévouées de Saint-Vincent-de-Paul, sous la direction d'une sœur supérieure et sous le contrôle d'une commission administrative composée de six membres qui sont désignés par Monseigneur le duc d'Aumale.

Le Président actuel de cette commission est M. le comte d'Hédouville.

Le docteur Dupré, médecin aussi habile que dévoué, visite chaque jour les malades.

Un chapelain, sous le titre d'aumônier, est également attaché à l'hospice, sa mission spirituelle est restreinte à l'établissement hospitalier.

Les revenus de cet hospice s'étant accrus, on a augmenté le nombre des admissions ainsi que les secours distribués à domicile. Maintenant les vieillards admis comme incurables et pour y finir leurs jours sont au nombre constant de 80 dont 40 hommes et 40 femmes, désignés sous le nom de cadets et de cadettes.

Il y a en outre 23 lits destinés, savoir: 14 à des hommes malades et 9 à des femmes malades.

L'hospice renferme actuellement:

1° Une école gratuite, divisée en trois classes,

pour les jeunes filles dont les parents sont indigents ou peu aisés;

2° Une salle d'asile où sont reçus jusqu'à leur sixième année les enfants des deux sexes de parents pauvres;

3° Un ouvroir pour apprendre à travailler aux jeunes filles sortant de l'école;

4° Et une crèche où l'on prend soin, pendant la journée, moyennant une modique rétribution, des petits enfants des personnes occupées et nécessiteuses.

L'âge d'admission est fixé à deux ans pour l'asile et à six ans pour l'école.

Passé leur sixième année, les garçons quittent l'asile et ne sont plus reçus à l'hospice.

L'éducation est donnée par les sœurs de charité sous la direction de Madame la supérieure.

La faveur d'admission comme cadet ou cadette, suppose l'état d'indigence, l'âge de 70 ans et la naissance ou un domicile de 10 années dans l'une des sept communes de l'ancienne seigneurie, qui sont : Chantilly, Apremont, Coye, Gouvieux, La Morlaye, Saint-Firmin et Saint-Maximin et encore Saint-Léonard, mais à raison, pour cette dernière commune, de trois vieillards dits incurables et de deux lits de malades seulement.

Les sept communes ci-dessus mentionnées reçoivent de l'hospice les médicaments pour leurs pauvres malades et Monseigneur le duc d'Aumale, depuis plusieurs années, subvient généreusement, comme nous l'avons dit plus haut, par l'intermédiaire des administrateurs dudit hospice, aux fournitures de pain et de viande aux indigents des mêmes communes qui y sont nés ou y résident depuis deux ans.

Autrefois la maison de charité de Chantilly portait le titre d'hôpital.

Il a paru, avec raison, qu'il était plus conforme à son but actuel de la désigner sous celui d'hospice, pour constater que cet Hôtel-Dieu est plus particulièrement destiné à recevoir et entretenir gratuitement des personnes pauvres que leur âge et leurs infirmités mettent hors d'état de gagner leur vie.

IV.

TESTAMENT DU DERNIER DES CONDÉ, LOUIS-HENRI-JOSEPH, DUC DE BOURBON.

RÉFLEXION SUR UNE DISPOSITION DE CE TESTAMENT.

Au nom du Père, du Fils et du Saint-Esprit,
Je recommande mon âme à Dieu.

Moi, soussigné, Louis-Henri-Joseph de Bourbon, duc de Bourbon, prince de Condé,

Je nomme et institue mon petit-neveu et filleul Henri-Eugène-Philippe-Louis d'Orléans, duc d'Aumale, mon légataire universel, voulant qu'à l'époque de mon décès il hérite de tous les biens et droits mobiliers et immobiliers de quelque nature qu'ils soient, que je posséderai à cette époque, pour en jouir en toute propriété, sauf les legs que j'institue par ces présentes ou que je pourrai instituer par la suite.

Je lègue à la dame Sophie Dawes, baronne de Feuchères, une somme de deux millions qui sera payée en espèces aussitôt après mon décès, quitte de tous droits d'enregistrement ou autres frais qui seront acquittés par ma succession.

Je lui lègue aussi en toute propriété :

1° Mon château et le parc de Saint-Leu ;
2° Mon château et ma terre de Boissy et toutes ses dépendances ;
3° Ma forêt de Montmorency et toutes ses dépendances ;
4° Mon domaine de Mortefontaine, tel qu'il se compose et que je l'ai acheté de madame de Villeneuve ;
5° Le pavillon occupé par elle et ses gens, au palais Bourbon, ainsi que ses dépendances ;
6° Le mobilier que comprend ce pavillon, ainsi que les chevaux et voitures affectés au service de ladite dame baronne de Feuchères. Cette dernière mesure est également applicable aux officiers de ma maison meublée par moi.

Les frais d'actes, de mutations, d'enregistrement et autres, généralement quelconques nécessaires pour mettre ladite dame de Feuchères en possession des legs ci-dessus, seront à la charge de ma succession, de telle sorte qu'elle entre en jouissance desdits objets quitte et libre de tous frais pour elle

Mon intention est que mon château d'Écouen soit affecté à un établissement de bienfaisance en faveur des enfants, petits-enfans et descendants des anciens officiers ou soldats de l'ancienne armée de Condé et de la Vendée.

Je donne alors le château et les bois qui en dépendent à la baronne de Feuchères en la chargeant de fonder l'établissement dont il s'agit, voulant en cela lui donner une marque de mon attachement et de ma confiance.

J'affecte au service des dépenses de cet établissement, une somme de cent mille francs qui sera payée annuellement et à perpétuité par mon petit neveu le duc d'Aumale ou par ses représentants; je m'en rapporte au surplus aux soins de ma dite baronne de Feuchères pour que mon intention soit remplie, ainsi que le mode d'après lequel cet établissement devra être formé, et aux autorisations qu'elle aura à solliciter et à obtenir pour y parvenir.

Je donne et lègue à titre de pension à chacun de mes gentilshommes, secrétaires de mes commandements, membres de mon conseil, officiers, employés ou serviteurs de ma maison qui se trouveront à mon service au moment de mon décès, en telle qualité que ce soit.

Savoir :

1° A ceux qui auront dans ma maison plus de vingt ans de service, la totalité des appointements ou gages dont ils jouiront ;

2° A ceux qui auront plus de quinze ans de service, les trois quarts des appointements ou gages ;

3° A ceux qui auront plus de dix ans de service, le quart des dits appointements ou gages ;

4° A ceux qui auront plus de cinq ans de service ou plus de deux ans, une année de leurs appointements ou gages à titre de gratification, une fois payée.

Entendant qu'ils jouissent de ces pensions cumulativement avec les traitements attachés aux fonctions qu'ils pourront remplir dans la maison de mon petit neveu le duc d'Aumale.

Je recommande à mon petit neveu le duc d'Aumale, les officiers et serviteurs de ma maison, lui enjoignant de traiter avec bienveillance tous ceux qui m'ont servi avec zèle, et m'ont donné des marques d'un attachement particulier.

Je prie le Roi d'agréer mon vif désir et ma demande expresse que ma dépouille mortelle soit déposée à Vincennes, auprès des restes de mon fils bien aimé.

Je nomme pour mon exécuteur testamentaire, M. le baron de Surval et lui donne, conformément à la loi, la saisine pour l'exécution du présent testament.

Fait à Paris, en notre palais Bourbon, le trente du mois d'août mil huit cent vingt-neuf.

Signé : **Louis-Henri-Joseph de Bourbon.**

Nous avons rapporté ce testament en entier parce que depuis 1830, la presse politique en a souvent parlé sans le bien connaître.

S'il révèle une influence exercée sur le testateur, ce serait celle de la baronne de Feuchères qui, par une disposition émanée évidemment d'un esprit affaibli et tourmenté, est chargée par ce testateur, en ce qui touche le legs du château d'Ecouen et l'institution qui devait en être la suite, d'une mission morale et élevée qu'elle reçoit sans égard au rang du légataire universel et du haut personnage qui devait, d'après la loi, agir en son nom pendant sa minorité.

Du reste, ce legs n'a pas reçu et ne pouvait recevoir son exécution dans les termes où il a été fait.

V.

DOCUMENTS RELATIFS A LA CONDAMNATION DE HENRI II DE MONTMORENCY; A UNE NOUVELLE ÉRECTION EN DUCHÉ-PAIRIE DE LA TERRE DE MONTMORENCY EN FAVEUR DE HENRI II DE CONDÉ ET DE LA PRINCESSE SA FEMME; AU DON FAIT AUX MÊMES DE LA TERRE DE CHANTILLY PAR LA REINE RÉGENTE, MÈRE DE LOUIS XIV; A LA CONDAMNATION ET AU RÉTABLISSEMENT DE LOUIS II DE CONDÉ, APPELÉ LE GRAND CONDÉ, DANS SES DIGNITÉS ET SES BIENS, EN VERTU DU TRAITÉ DE PAIX DES PYRÉNÉES.

Arrêt du parlement de Toulouse qui condamne à mort Henri, duc de Montmorency, comme coupable de haute trahison.

Louis, par la grâce de Dieu, roi de France et de Navarre, aujourd'hui trentième jour d'octobre 1632, en la grande Chambre, icelle et les autres Chambres y assemblées, présent, Monseigneur de Châteauneuf, garde des sceaux; MM. Berlier-Montrabe, le premier président Camisade, Desplus de Ficulx et de Garrand présidents; six maîtres des requêtes ordinaires de l'Hôtel, Naussac, doyen et le reste des conseillers des Chambres assemblées ;

Vu par la Cour, les Chambres assemblées, le procès criminel extraordinairement fait par les conseillers et commissaires à ce commis et députés par les lettres patentes du roi, du 23 août 1632, registrées ès-registres de la dite Cour le vingt-cinquième dudit mois d'octobre ; à la requête du procureur général du roi, contre messire Henri de Montmorency, chevalier des ordres du roi, pair et maréchal de France, gouverneur du pays de Languedoc, prisonnier dans la maison commune de la présente ville de Toulouse, à cause du crime de lèse-majesté ;

Les charges et informations, interrogatoires, réponses, confessions, dénégations, confrontations de témoignages, objects et reproches, original de la délibération tenue en l'assemblée des États dudit pays de Languedoc, en date du 22 juillet 1632, signée d'Albanec, évêque d'Alby, président ; Jean, évêque de Lodève et plusieurs autres diocésains dudit pays, ensemble dudit de Montmorency ;

Quatre Commissions concernant les impositions dudit diocèse de Béziers, signées Montmorency et plus bas par M. le commissaire principal Guillemin, datées du 26 dudit mois de juillet, ledit Guillemin, greffier, pour le roi aux dits États de Languedoc des 4 août et 27 septembre 1632 ;

Ordonnance et mandement fait au lieu de Chaussez, de fournir vivres et étapes nécessaires pour la levée d'une compagnie de cent hommes de pied du sieur Forgnac, dudit jour 26 juillet 1632, signé Montmorency et contresigné par Monseigneur Hureau ;

Trois lettres missives écrites à Monseigneur le comte d'Alby ; l'autre à l'évêque d'Alby, et l'autre au sieur de Montbrun, signées aussi de Montmorency et par lui reconnues ;

Lettres patentes du roi données à Cosne, le 3 août 1632, par lesquelles le roi déclare ledit duc de Montmorency criminel de lèse-majesté, déchu de tous grades, honneurs, la duché de Montmorency éteinte et réunie à la couronne et toutes et chacune ses autres terres et seigneuries et biens meubles et immeubles, acquis et confisqués à sa dite Majesté, et que le procès lui sera fait et parfai, par la Cour à laquelle, en tant que de besoin serait, le roi en attribue juridiction et connaissance et icelle interdite à toutes autres cours, nonobstant le privilége de pairie ou autres qu'on pourrait alléguer ;

Arrêt donné sur la vérification et registre des dites lettres patentes du 1er septembre 1632 ;

Inventaire des productions avec le dire et conclusions du procureur du roi ; ouï et interrogé par la dite Cour ledit prévenu sur les cas et crimes à lui imposés ;

Dit a été que la Cour, les Chambres assemblées, a déclaré et déclare le procès être en état de juger définitivement, sans enquérir de la vérité des objects et reproches, le dit de Montmorency atteint et convaincu du crime de lèse-majesté au premier chef pour réparation duquel, suivant les dites lettres patentes du roi données à Cosne le dit jour 23 août 1632, et arrêt de la Cour donné sur le registre d'icelle le 1er jour de septembre 1632, l'a privé et prive de tous états, honneurs et dignités et l'a condamné et condamne à être livré ès-mains de la haute justice qui lui tranchera la tête sur un échafaud qui, à cet effet, sera dressé en la place Salin, et a déclaré et déclare les terres de Montmorency et d'Amville, privées à jamais du nom et titre de duché et pairie ; icelles terres, ensemble ses autres terres et seigneuries, immédiatement tenues du roi, réunies au domaine de la couronne et tous et chacun ses autres biens, meubles et immeubles et généralement quelconques, en quelque lieu qu'ils soient situés et assis, acquis et confisqués au roi.

Cet arrêt fut exécuté dans la cour de l'Hôtel de Ville et non sur la place Salin, de l'ordre du roi.

Lettres patentes du roi Louis XIII et arrêts de vérification de la Cour de Parlement et Chambre des comptes, concernant le duché et pairie de Montmorency en faveur de Monsieur le prince et Madame la princesse de Condé.

Louis, par la grâce de Dieu, roi de France et de Navarre, à tous présents et à venir, salut. Le titre et duché et pairie de la terre et seigneurie de Montmorency ayant été déclaré éteint et supprimé par arrêt rendu au parlement de Toulouse, le 30 octobre 1632 et les biens du feu duc de Montmorency à nous acquis et confisqués : comme notre intention n'a point été de profiter desdits biens, mais d'en gratifier ses héritiers, spécialement en faveur de nos très-chers et très-aimés cousin et cousine les prince et princesse de Condé, auxquels nous avons donné, quitté et remis partie des dits biens, ainsi à nous acquis ; et voulant témoigner combien les services de notre dit cousin nous sont agréables et ne désirant que la dite terre et seigneurie de Montmorency par nous à eux délaissée, soit par eux tenue sous moindre titre, qualité et dignité qu'elle a été par les précédents ducs de Montmorency, ni ledit arrêt avoir lieu en ce regard mais plutôt augmenter et amplifier la dignité de la dite terre, en considération de l'honneur que notre dit cousin et cousine ont de nous attoucher de parenté de si près : savoir faisons que nous, pour les causes et autres bonnes considérations à ce nous mouvant, avons, par ces présentes signées de notre main et de notre grâce spéciale, pleine puissance et autorité royale, icelle terre et seigneurie de Montmorency, avec les terres unies et incorporées à icelle circonstances et dépendances quelconques, à la réserve néanmoins de la terre, seigneurie et justice de Chantilly, Vineuil, Saint-Firmin, Apremont, Pontarmé, Montepilloir, Saint-Nicolas et autres dépendances de la dite terre de Chantilly, si aucune il y a non comprises au don et remise par nous fait, créé et érigé, créons et érigeons en titre, qualité, dignité et prééminence de duché et pairie de France pour en jouir par nos dits cousin et cousine les prince et princesse de Condé et après leurs décès par leurs hoirs et successeurs mâles et femelles, seigneurs dudit Montmorency, à toujours perpétuellement en titre de duc et pair de France et tout ainsi que les autres pairs en jouissent, tant en justice, séance et juridiction qu'autrement, sous le ressort de notre parlement de Paris ainsi et selon que les ducs de Montmorency en jouissaient avant l'arrêt dudit 30 octobre 1632, extinction et suppression d'icelui duché et pairie. Et laquelle terre et seigneurie de Montmorency, circonstances et dépendances telles que dessus nous

avons distraites et excepté de tous autres juges en tous cas, fors et excepté des cas royaux comme elle était avant ledit arrêt. Voulons et nous plaît, notre dit cousin et cousine et leurs successeurs mâles et femelles, seigneurs des dits lieux, être dits et nommés duc de Montmorency et pairs de France et que la dite terre et seigneurie de duché et pairie avec les autres y jointes et incorporées à la réserve susdite, notre dit cousin et cousine tiennent en titre de duché et pairie, à foi et hommage de nous, sans que, pour raison de la présente création et érection, notre dit cousin et cousine soient tenus de nous payer aucuns droits d'indemnité, ni à aucun de nos officiers ou autres seigneurs quelconques, attendu qu'il a été cidevant satisfait, dont et de quoi, en tant que de besoin est ou serait, nous avons déchargé et dispensé notre dit cousin et cousine..................................
....

Donné à Paris au mois de mars de l'an de grâce 1633 et de notre règne le vingt-troisième,

Signé : LOUIS.

Ouï le procureur général du roi, 9 mars 1633.
Extrait des registres du Parlement, 11 mars 1633.
Extrait des registres de la Chambre des Comptes, même date.

Don et remise fait par le roi Louis XIV à Monseigneur le Prince de Condé et à madame la Princesse, sa femme, des terres et Seigneuries de Chantilly, Gouvieux et comté de Dammartin, leurs appartenances et dépendances, au mois d'octobre 1643;

Et vérifié en la cour du Parlement, chambre des comptes et bureau des trésoriers de France, les 24 et 27 novembre et 3 décembre audit an 1643.

Louis, par la grâce de Dieu, roi de France et de Navarre; à tous présents et à venir, salut. Les grandes et royales actions du feu roi notre très-honoré Seigneur et père, que Dieu absolve, nous fournissant des exemples d'imitation de toutes les vertus dignes de notre naissance et du rang que Dieu nous a donné parmi les hommes; elles nous obligent aussi à suivre autant qu'il nous est possible, ce que nous jugeons avoir été de ses justes intentions en achevant les choses qu'il a heureusement commencées et desquelles il aurait vraisemblablement ordonné lui-même l'accomplissement entier, si Dieu lui avait prolongé davantage ses jours. Nous estimons qu'entre celles de cette nature se trouve la remise et don des biens du duc de Montmorency, à lui acquis et confisqués desquels le feu roi notre dit Seigneur et père, n'ayant de son vivant entièrement disposé par ses lettres-patentes, en forme de chartes du mois de mars 1633, il en retint entre ses mains les terres et seigneuries de Chantilly, avec les meubles portés sur l'inventaire fait d'iceux par le sieur de Lauzon, le 16 février 1633, ensemble la seigneurie et étang de Gouvieux et comté de Dammartin, faisant partie desdits biens, circonstances et dépendances d'icelles terres et seigneuries en la forme qu'en jouissait ledit feu duc de Montmorency : Lesquelles choses ne furent comprises en la disposition et don desdits biens, mais spécialement par lui retenues et réservées; avec si grande apparence néanmoins du peu de désir que le feu Roi notre dit Seigneur et père avait de les retenir à soi incommutablement qu'il n'a jamais voulu qu'elles fussent unies en notre domaine, ni que le revenu d'icelles passât par nos officiers comptables, ou qu'il en fût rendu compte à notre Chambre des comptes de Paris, en attendant l'occasion d'en gratifier notre très-cher et très-aimé cousin le Prince de Condé, premier prince de notre sang et premier pair de France, et notre très-chère et aimée cousine la Princesse de Condé, son épouse, plus notablement intéressée en ladite rétention, tant en raison de la proximité du sang dont notre dite cousine attouchait audit duc de Montmorency, auquel elle était sœur germaine, qu'à cause que ladite rétention leur ôtait les moyens de payer les grandes et excessives dettes de la succession dudit duc de Montmorency, qu'ils sont obligés d'acquitter, et auxquelles lesdites terres et Seigneuries sont hypothéquées, aussi bien que le reste des biens dudit duc de Montmorency. Ce que nous avons d'autant plus de sujet d'exécuter présentement, que depuis ledit temps, notredit cousin, le Prince de Condé n'a cessé de rendre au feu roi, notre dit Seigneur et père et à notre État de grands et notables services en toutes occasions, ainsi qu'il a commencé de faire envers nous à notre avènement à la couronne, au grand avantage de notre royaume et bien de nos sujets;

Et désirant les reconnaître et l'obliger par nos bienfaits à nous les continuer pendant notre minorité, avec son affection et fidélité accoutumée, même lui donner les moyens d'acquitter les dettes de la succession dudit duc de Montmorency;

A ces causes, de l'avis de la reine régente, notre très-honorée dame et mère, et de notre certaine science, pleine puissance et autorité royale, Nous avons par ces présentes signées de notre main, cédé, remis, donné et octroyé, et en tant que de besoin est, cédons, donnons, remettons, et transportons, quittons et délaissons à nos dits cousin et cousine, les Prince et Princesse de Condé, à cause et en considération de notre dite cousine la Princesse de Condé, lesdites terres et seigneuries de Chantilly avec les meubles portés dans l'inventaire fait d'iceux par le sieur de Lauzon, le 16 février 1633, ensemble, les seigneuries, étang et moulins de Gouvieux et comté de Dammartin avec les circonstances et dépendances desdites terres, tout ainsi que le feu roi, notre dit Seigneur et père en a joui et jouissait au jour de son décès... à commencer la jouissance d'icelles, terres et seigneuries au premier jour d'octobre de l'année 1643.

Nous avons révoqué tous autres dons et concessions qui peuvent avoir été faits par le feu roi notre dit seigneur et père desdites terres et seigneuries, ou portions d'icelles, ensemble les charges de capitaine desdites maisons de Chantilly et Dammartin.

Donné à Paris au mois d'octobre 1643, et de notre règne le premier. Signé : Louis. Et sur le repli : par le roi, la reine régente sa mère présente. De Lhoménie. Et scellé du grand sceau.

Et sur le repli est écrit : Enregistrées, ouï, le procureur général du roi pour jouir par ledit sieur Prince et Princesse de Condé de l'effet et contenu en icelles selon la forme et teneur.

A Paris, en Parlement, le 24 novembre 1643, signé du Tillet.

Enregistrées semblablement en la Chambre des comptes, 27 novembre 1643.

Enregistrées au bureau des finances de la *Centralité* de Paris le 3 décembre 1643 (1).

. . . .

Condamnation prononcée contre Louis II de Condé et son rétablissement dans ses dignités et ses propriétés.

On sait que le Grand Condé a laissé sur sa mémoire une tache que son profond repentir n'a pu effacer aux yeux de la postérité.

Il se mit à diverses époques en état de rébellion

---

(1) Louis XIV n'avait que 5 ans en 1643. La signature de son nom au bas des lettres-patentes n'est donc qu'une fiction légale admise sans doute par le vieux droit et cette signature était, il paraît, apposée par une personne qualifiée de secrétaire à la plume.

Ainsi qu'il appert des documents qui précèdent, le roi Louis XIII ne s'était point dessaisi de son vivant de la terre de Chantilly, mais la reine Anne d'Autriche, sa veuve et Régente, en fit don au nom de Louis XIV, à Henri II de Condé et à la Princesse sa femme. Une action en revendication fut cependant introduite au nom de l'État contre le dernier prince de Condé et continuée contre le duc d'Aumale, son légataire universel. Un arrêt de la Cour d'Amiens du 31 décembre 1842 y a mis fin en confirmant un jugement du tribunal de Senlis, qui repoussait cette prétention.

contre le gouvernement de Louis XIV et il alla jusqu'à prendre le commandement des troupes espagnoles pour combattre contre son pays.

Le Parlement de Paris rendit contre lui, à la date du 28 mars 1654, un arrêt portant que :

« Ladite cour a déclaré et déclare Louis de Bourbon vrai contumax atteint et convaincu des crimes de lèse-majesté et de félonie, et pour réparation desdits crimes a déclaré et déclare ledit Louis de Bourbon, déchu du nom de Bourbon, dignité et priviléges de prince du sang, pairie de France et toutes autres dignités, charges et gouvernement ; le condamne à mort, déclare ses biens féodaux tenus médiatement ou immédiatement du roi lui être retournés et réunis au domaine de la Couronne, et ses autres biens meubles et immeubles confisqués au profit dudit seigneur, sur iceux préalablement pris la somme de 60,000 livres parisis d'amende applicable au pain des prisonniers de la conciergerie du Palais. »

On va voir que les effets de cette condamnation ont été mis à néant par une clause spéciale du traité de paix des Pyrénées.

TRAITÉ DE PAIX *entre les couronnes de France et d'Espagne conclu, arrêté et signé par le cardinal Mazarini et dom Mendez de Haro, en l'Ile des Faisans, aux confins des Pyrénées, le 7 novembre 1659, ratifié par Louis XIV à Toulouse, le 29 du même mois, et par le roi d'Espagne, le 10 décembre de la même année.*

Ce traité stipule d'abord le mariage de Louis XIV avec l'Infante d'Espagne, Marie-Thérèse.

Nous ne rapporterons que les articles qui peuvent s'appliquer à la situation du grand Condé.

ART. 28. — Tous les sujets d'un côté et d'autre, tant ecclésiastiques que séculiers seront rétablis en leurs biens, honneurs et dignités et en la jouissance des bénéfices dont ils étaient pourvus avant la guerre, soit par mort ou résignation, soit par forme de coadjutorerie ou autrement.

ART. 29..... Les rétablissements s'étendront en faveur de ceux qui auront suivi le parti contraire; en sorte qu'ils rentreront par le moyen du présent traité en la grâce de leurs rois et princes souverains comme aussi en leurs biens, tels qu'ils se trouveront existant à la conclusion et signature du présent traité.

Art. 30. — Et se fera ledit rétablissement desdits sujets de part et d'autre, nonobstant toutes donations, concessions, déclarations, confiscations, commisses, sentences préparatoires ou définitives, données par contumace en l'absence des parties et icelles non ouïes . . . .

Art. 79. — Monsieur le prince de Condé ayant fait dire à Monsieur le cardinal Mazarini, plénipotentiaire du roi, pour le faire savoir à Sa Majesté qu'il a une extrême douleur d'avoir depuis quelques années tenu une conduite qui a été désagréable à Sa Majesté, qu'il voudrait pouvoir racheter de la meilleure partie de son sang, tout ce qu'il a commis d'hostilité de dedans et hors la France, à quoi il proteste que son seul malheur l'a engagé plutôt qu'aucune mauvaise intention contre son service, et que si Sa Majesté a l'intention d'user envers lui de sa bonté, oubliant tout le passé et le retenant en l'honneur de ses bonnes grâces, il s'efforcera, tant qu'il aura de vie, de reconnaître ce bienfait par une inviolable fidélité et une entière obéissance à tous ses commandements. Et que, cependant, pour commencer à faire voir par les effets qui peuvent être présentement en son pouvoir, avec combien de passion il souhaite de rentrer en l'honneur de la bienveillance de Sa Majesté ; il ne prétend rien en la conclusion de cette paix, pour tous les intérêts qu'il y peut avoir que de la seule bonté et du propre mouvement dudit seigneur roi, son souverain seigneur et désire même qu'il plaise à Sa Majesté de disposer pleinement et selon son bon plaisir en la manière qu'elle voudra, de tous les dédommagements que le seigneur roi catholique voudra lui accorder et lui a déjà offert soit en états et pays, soit en places ou en argent, qu'il remet tout aux pieds de Sa Majesté. . .

Art. 83. — Moyennant l'exécution de ce que dessus, Sa Majesté très-chrétienne en contemplation de la paix et en considération des offices de Sa Majesté catholique, usant de sa clémence royale, recevra sincèrement et de bon cœur ledit sieur prince en ses bonnes grâces, lui pardonnera et oubliera avec la même sincérité tout ce qu'il a par le passé fait et entrepris contre son service soit dedans ou hors le royaume; trouvera bon qu'il revienne en France, même où sera la cour de Sa Majesté, en suite de quoi sa dite Majesté remettra et rétablira ledit sieur prince réellement et de fait en la libre possession et jouissance de tous ses biens, honneurs, dignités et priviléges de premier prince de son sang . . . . . .

Art. 85. — Sa Majesté fera expédier ses lettres patentes d'abolition en bonne forme, de tout ce que ledit sieur prince, ses parents, serviteurs, amis, adhérans et domestiques, soit ecclésiastiques ou séculiers, ont ou pourront avoir fait ou entrepris par le passé contre son service, en sorte qu'il ne lui puisse jamais ni à eux, nuire ni préjudicier en aucun temps ni à leurs héritiers, successeurs et ayant cause, non plus que s'il n'était jamais advenu . . . . . .

Art. 86. — Après que ledit sieur prince aura satisfait de sa part au contenu du présent traité, tous duchés, comtés, terres, seigneuries et domaines, même ceux de Clermont, Stenay et Dun comme il les avait avant sa sortie de France. . . . .
ensemble tous et quelconques ses autres biens, meubles et immeubles, de quelque qualité qu'ils soient, en la manière ci-dessus dite, lui seront restitués réellement et de fait . . . .

L'article 85 du traité ci-dessus mentionné porte que Louis XIV fera expédier ses lettres-patentes d'abolition en bonne forme.

La plupart des historiens disent que le grand Condé n'a été remis en possession de la terre de Chantilly qu'en 1661. C'est une erreur. Ce prince est rentré en France au commencement de l'année 1660 et sa réception par le roi eut lieu le 27 janvier de la même année à Aix en Provence. Dans cette première audience, accordée par le souverain, Condé implora de nouveau son pardon, en protestant de son sincère repentir, et les lettres d'abolition furent alors signées par Louis XIV. Elles portent en effet la date du mois de janvier 1660 et elles ont été enregistrées au Parlement le 13 février de la même année.

Il y est exprimé que le roi, en considération de la paix, a trouvé bon de donner au prince de Condé et à ceux qui l'ont suivi des marques de sa clémence, pour ces causes il pardonne et abolit tout ce que ledit prince de Condé et ses adhérents ont fait et entrepris contre le repos de l'État avant et après leur sortie du royaume, et il remet en conséquence le prince de Condé en la possession et jouissance de tous les duchés, comtés, terres, seigneuries et domaines comme il les avait avant sa sortie : voulant qu'il soit réintégré en la vraie et réelle possession et jouissance des susdits duchés, terres, seigneuries, etc., à la réserve, toutefois, du domaine et duché d'Albret, en échange duquel Condé reçut le duché de Bourbonnais.

VI.

LES DEUX VIADUCS DU CHEMIN DE FER DU NORD. — LE CHATEAU DE LA REINE BLANCHE ET LA COMMUNE DE COYE. — LES CHASSES. — VISITE A CHANTILLY DU PRINCE DE GALLES. — DÉTAILS SUR COYE. — DÉLIBÉRATION DE SON CONSEIL MUNICIPAL RELATIVE A LA FORMATION DU CANTON DE CHANTILLY.

La ligne directe du chemin de fer du Nord passant par Chantilly, inaugurée le 10 mai 1859, traverse deux beaux viaducs avant d'arriver à Creil.

L'un appelé le viaduc de la Reine Blanche ou de Commelle est à environ 4 kilomètres en deçà de Chantilly et l'autre est immédiatement après la gare de cette ville et se termine un peu avant l'embranchement de Senlis.

Ce deuxième et magnifique viaduc coupe la vallée de la Nonette. Il se compose de 36 arches, ayant 10 mètres d'ouverture et 22^m 35 de hauteur au milieu du viaduc. Sa longeur est de 443^m 80.

Il est appelé le viaduc de la Canardière, du nom du

vallon de prairies et de canaux qu'il traverse. Il est d'un bel aspect, vu de l'ancien parc des Fontaines qu'il partage en deux parties, l'une dépendant de Chantilly et l'autre de la commune de Gouvieux. Mais le premier viaduc est encore d'un effet plus grandiose. Il traverse la vallée de la Thève. Il a 15 arches mesurant chacune 19 mètres d'ouverture et 39^{m}24 de hauteur au milieu du viaduc. Sa longueur est de 300^{m}80. Toutes les piles ont la même épaisseur et elles sont évidées dans la partie supérieure, ce qui les rend plus légères. Celles du viaduc de Chantilly ne sont point évidées, et il y a des piles intermédiaires, plus fortes appelées culées.

Les deux viaducs ont été construits dans les années 1857 et 1858.

Le gigantesque viaduc de la reine Blanche est d'une hardiesse extraordinaire. Il est élégant et léger de forme. Avant sa construction il n'en existait aucun de pareille dimension en France et c'est de tous les travaux d'art de la ligne du Nord le plus remarquable.

De plus, on ne saurait passer sur ce viaduc sans être frappé du tableau ravissant qu'offre ici la vallée de la Thève.

D'un côté l'on aperçoit les étangs de Commelle et le gracieux château gothique de la reine Blanche, construit en l'année 1826 par le dernier prince de

Condé sur l'emplacement d'un château du XIIIᵉ siècle, appelé la Loge de Viarmes, tombé en ruines et qu'auraient habité la reine Blanche et saint Louis, son fils.

Ce castel, dit un auteur, avait la légèreté, le fini précieux, la richesse de détails et le mélange de hardiesse et de grâce qui caractérisaient les constructions faites au retour des Croisades.

De l'autre côté du viaduc, la vue se porte sur le village de Coye et se prolonge à l'infini sur un charmant vallon de verdure et sur des bois que le viaduc domine.

Les étangs de Commelle ou de la reine Blanche attirent beaucoup de visiteurs en été et également en hiver les jours des chasses à courre. Ces chasses présidées par les princes d'Orléans n'ont plus l'éclat de celles d'autrefois. Cependant en 1874, le duc d'Aumale, entouré de nombreux chasseurs, y fit les honneurs d'une brillante chasse à courre au prince de Galles.

Les princes ont deux équipages de chasse, l'un pour le cerf, appartenant au duc d'Aumale, et l'autre, appelé le Vautrait du prince de Joinville, sert à la poursuite du sanglier. Cette dernière chasse est quelquefois dangereuse. Tout le monde connait le courage tranquille du prince de Joinville. Il y a quelques années, dans une chasse au sanglier, ce prince s'étant approché, à cheval, d'un fourré où se tenait un de ces animaux qu'il venait de blesser, fut renversé à terre par l'animal bondissant au moment où il l'ajustait de nouveau et ne put échapper à la rage de la bête fauve qui lui labourait la jambe avec ses défenses, que grâce à l'adresse d'un des chasseurs qui étendit le sanglier sur le sol.

La chasse au cerf ne présente pas les mêmes dangers. Ce pauvre animal, quand il est fatigué et haletant, se met quelquefois à pleurer sans attendrir les chasseurs. Il n'éventre pas les chiens comme le sanglier quand il est blessé. Le cerf vient presque toujours se jeter à l'eau et se faire prendre aux étangs de Commelle à peu de distance de la commune de Coye. Ce joli village nous intéresse et nous voudrions, avec le lecteur, quitter les disciples de saint Hubert pour parcourir l'histoire de la commune de Coye et en tirer certaines conséquences en revenant à la formation du canton de Chantilly.

Coye.

Il est difficile de donner l'étymologie de ce nom étrange que l'on voit quelquefois écrit avec un *i* au lieu d'un *y* et même sans *e* (Coi).

Le lieu, ainsi appelé, ne fut d'abord, indubitablement, qu'un parvulissime hameau sans nom, formé de cabanes de bûcherons et de cordiers, placées à côté d'un étang et de la petite rivière de Luze et de la Thève. D'une part, vers la vallée, le sol était tourbeux et planté de peupliers, hantés par des légions de corbeaux et, d'une autre part, autour des habitations, le terrain se trouvait sablonneux et aride, n'offrant à la culture et au jardinage que de maigres produits que venait d'ailleurs ravager le gibier, toujours maintenu en abondance depuis les temps les plus reculés. Aussi, malgré des lois et des règlements sévères, la tendance au braconnage devait-elle y être assez naturelle.

La reine Blanche et saint Louis ont laissé d'admirables souvenirs dans la contrée. Outre le castel dont nous avons déjà parlé, on leur attribue la fondation de l'abbaye de Royaumont, ainsi que l'asile de charité de Louvres, auquel fut attaché un lot de terre considérable, que l'on désigne encore dans la localité comme il l'est sur les plans Terriers, sous le beau titre de : *Terres du Bienfait de la reine Blanche.*

Quand les seigneurs venaient visiter le souverain et chasser autour de son castel isolé, leur impression, en passant près du hameau naissant, devait se traduire par un mot d'étonnement analogue au cri aigu des corbeaux que leur passage dérangeait. De là, d'après la tradition, l'appellation singulière donnée au village.

L'abbé Expilly, dans son dictionnaire géographique et historique, constate que vers le milieu du xviiie siècle, ce village comprenait seulement 69 feux, et le dictionnaire universel de Saugrain, de 1726, porte à 309 le nombre de ses habitants.

Grâce aux besoins de l'agriculture, l'industrie de la tille, écorce du tilleul, se développa en même temps que le commerce de bois dans la paroisse de Coye, et ses habitants, devenus laborieux, purent se livrer à des occupations plus fructueuses que le braconnage. Des usines y prirent aussi naissance. La population féminine s'occupa de la confection de la dentelle, dite *de Chantilly;* mais des plaintes y furent toujours vives et peu écoutées au sujet du gibier qui dévastait les jardins et que n'effarouchait point la trompette nocturne des gardes forestiers.

Lorsqu'arriva la Révolution sociale de 1789, elle y fut accueillie avec enthousiasme et on s'empressa d'élever une colonne à la Liberté qui fut inaugurée solennellement et avec les pompes de la religion, le 14 juillet 1790. Le souvenir s'en est conservé. Le desservant de la paroisse, le prêtre Cormiliolle, après avoir béni la colonne, prononça un discours où il disait, en parlant de saint Louis:

« Jugez, frères et citoyens, jugez de la simplicité
« de ses goûts et de son éloignement pour le faste.
« D'ici vous pourriez apercevoir cet étroit, cet anti-
« que bâtiment de la Loge ou le château de la reine
« Blanche, créé en 1227 ; cette espèce de masure que
« dédaignerait le plus mince bourgeois. C'était là,
« selon une ancienne tradition, la maison de plaisir
« où saint Louis venait avec la reine Blanche, sa
« mère, déposer le pesant fardeau de la couronne et
« se délasser des fatigues de la royauté. Vous voyez
« aussi cette abbaye solitaire de Royaumont qu'il
« bâtit de ses propres mains. C'est là que, dans le
« silence et la retraite, il méditait des mois entiers
« sur l'art de régir un grand empire. »

La municipalité composée de MM. Mandrou, maire, Philippe Lecerf et autres notables, décida de faire imprimer ce discours qui répondait aux idées du temps.

La Liberté, comme une fleur nouvelle, s'épanouissait alors et réjouissait tous les cœurs, mais bientôt elle disparut, et les âmes généreuses furent profondément désillusionnées et attristées. Le bon curé Cormiliolle qui, après avoir parlé de saint Louis, avait fait l'éloge de Louis XVI, dut gémir profondément en apprenant le sort affreux de ce roi, au 21 janvier 1793.

La première République poussait le cri de guerre

aux rois, tandis que celle actuelle, mieux inspirée et sagement dirigée, suit une autre voie où elle acquiert chaque jour plus de sympathies. Cela est dû à son illustre fondateur, M. Thiers.

On eut à regretter à Coye, en 1793, quelques excès, mais aussitôt l'apaisement de l'émotion révolutionnaire, les travailleurs purent profiter des avantages du régime nouveau qui devait amener l'amélioration matérielle et morale du pays avec une notable augmentation du chiffre de sa population.

La commune de Coye a surtout pris de l'extension depuis qu'elle est desservie par la ligne du Nord. De nouvelles industries s'y sont produites. C'est aujourd'hui une résidence recherchée, un endroit sain et agréable à habiter, où se trouvent de jolies maisons de campagne.

Dans cette localité on remarque un château ancien qui fut constitué en marquisat, par lettres patentes de janvier 1697, enregistrées le 22 février suivant, données en faveur de Toussaint Roze, président de la Chambre des comptes de Paris. Une filature de coton en dépendait.

Ce château est célèbre par des souvenirs qui méritent d'être rapportés.

C'est là que vint passer quelque temps et que nous avons vu le fameux abbé Fentrier, évêque de Beauvais, qui fit partie du ministère Martignac et eut le courage de faire signer au roi Charles X l'ordonnance du 16 juin 1828, qui prescrivit la fermeture des maisons que les jésuites possédaient en France.

Alexandre Andryane, l'ami et le compagnon d'infortune et de captivité de Silvio Pellico, tous deux condamnés au *carcere duro* qu'ils subirent au Spielberg, put venir habiter le château paternel, après avoir obtenu sa grâce de l'empereur d'Autriche par l'influence du gouvernement du roi Louis-Philippe. Enfin, Merlin, de Douai, le plus grand jurisconsulte de l'Europe, vint s'y réfugier momentanément dans une circonstance grave.

Après la chute de Napoléon, l'illustre procureur général à la Cour de Cassation, sous le premier Empire, n'eut que le temps d'accourir au château de Coye, chez madame Louis Andryane, sa fille, pour échapper aux colères de la réaction ; mais il fut bientôt dénoncé et ne dut son salut qu'au maire de la commune, M. Laurent Lecerf, qui, refusant de se faire l'instrument d'une vengeance politique, sut prévenir à temps le savant magistrat, lequel, profitant de la nuit, put gagner la Belgique où il resta jusqu'à la chute du roi Charles X.

Ceux qui, depuis un demi-siècle, et plus, ont visité et bien connu la commune de Coye, peuvent attester les progrès extraordinaires, en tous genres, réalisés dans cette commune, bien qu'elle manque, pour ainsi dire, de territoire ou du moins que la partie cultivable soit restreinte, sablonneuse et entourée des bois du duc d'Aumale. Ces progrès sont dus au travail et à une notable amélioration morale. L'excellent curé de Coye, M. Delachapelle, a beaucoup contribué à cette amélioration morale et, par un dévouement sans bornes, une activité surhumaine et une persévérance au-dessus de toutes les épreuves, il a pu préparer et assurer la reconstruction de son église, dans laquelle il a été enterré.

Un vœu est formé par les habitants de la commune de Coye et mériterait d'être exaucé. Cette commune est la plus éloignée du chef-lieu du canton, c'est-à-dire de Creil. Elle n'a aucune relation d'affaires avec cette ville. Les rapports forcés sont des occasions de gêne et de dépense, tandis que Chantilly est à sa proximité, et l'ouvrier peut s'y rendre à pied sans frais. Ce serait donc se montrer peu équitable que de repousser la demande de formation d'un nouveau canton, en donnant la préférence aux désirs de villages peu importants demeurés stationnaires. Il serait, au contraire, de toute justice d'accéder au vœu parfaitement fondé de la commune de Coye, conforme à celui d'Apremont, Chantilly, Gouvieux, La Morlaye et Saint-Maximin, et aussi des villages de Saint-Firmin et de Vineuil, lesquels forment une seule commune composée de 1,081 habitants, qui dépend du canton de Senlis, quoique ces deux villages touchent presque à la ville de Chantilly.

Toutefois, on a, pour éviter des complications, demandé simplement le dédoublement du canton de Creil, laissant la question d'annexion de la commune de Saint-Firmin-Vineuil, à l'appréciation ultérieure de tous les intéressés.

Nous rappellerons que le village de Précy, notamment, a une population inférieure à celle de Coye, et est loin d'avoir l'importance commerciale de cette commune; que, du reste, l'intérêt réel de Précy est solidaire de la prospérité de la ville de Chantilly, qui consomme une grande partie de ses produits et fournit des engrais à ses cultivateurs; que la commune de Saint-Leu-d'Esserent, où résidait autrefois le notaire de la châtellenie de Chantilly, se trouve à moins de 4 kilomètres de cette ville, avec laquelle les relations de ses habitants sont faciles et fréquentes; enfin, que ces deux communes de Précy et de Saint-Leu n'ont de communication directe avec la ville de Senlis, chef-lieu de l'arrondissement, que par la voie de Chantilly, et que leur intérêt le mieux entendu serait de tendre à s'y rattacher par un chemin de fer d'intérêt local ou une voie ferrée à traction de chevaux ou de moteurs mécaniques, conformément à un projet élaboré par le gouvernement de la République.

Espérons que l'avenir dotera Chantilly de ce tronçon.

Nous terminerons en transcrivant la délibération du Conseil municipal de Coye, prise à l'unanimité.

Délibération du Conseil municipal de Coye.

L'an 1878, le 26 mai,
Ledit Conseil, après en avoir délibéré :
Vu la note explicative produite à l'appui de la demande ;
Vu le plan général du canton et l'état officiel de la population des communes ;
Au point de vue général :

Considérant que le canton de Creil présente un chiffre de population beaucoup plus élevé que celui des autres cantons du département de l'Oise, et qu'il en résulte une inégalité flagrante pour la représentation dans les conseils électifs ;

Considérant que le nombre et la composition de cette population ont pour résultat de charger souvent le rôle de la justice de paix, au point de prolonger au delà de toute mesure la durée des audiences ;

Considérant que l'étendue du canton de Creil est assez considérable pour motiver sa division ;

Et que cette division, en l'admettant d'après la base proposée, laissera encore le canton de Creil, ainsi réduit, dans une situation dominante eu égard à sa population.

En ce qui regarde la commune de Coye en particulier :

Considérant qu'il sera très-avantageux aux habitants de se trouver à 5 kilomètres du chef-lieu de leur canton, au lieu de 15 kilomètres, distance officielle de Coye à Creil,

Émet l'avis que la division proposée du canton de Creil soit réalisée et qu'il soit, en conséquence, créé un nouveau canton avec la ville de Chantilly (chef-lieu), Apremont, Coye, Gouvieux et les autres communes déjà indiquées.

VII.

ÉTABLISSEMENT DES COURSES DE CHEVAUX EN FRANCE. — FORMATION DE LA SOCIÉTÉ D'ENCOURAGEMENT POUR CES COURSES ET DU CERCLE DU JOCKEY-CLUB. — L'HIPPODROME DE CHANTILLY.

L'Angleterre nous a précédé de plusieurs siècles dans l'établissement des courses de chevaux.

Le goût de ces courses prit naissance en France, alors qu'il était devenu presque général chez nos voisins. Les divers gouvernements qui ont précédé celui du roi Louis-Philippe ne donnèrent point une impulsion vigoureuse à cette utile institution.

Elles remontent cependant à l'année 1776, d'après le Calendrier des courses françaises.

Toutefois, elles ne furent régulièrement établies qu'en 1805, par un décret impérial qui réglementa les prix donnés par le gouvernement; mais, en réalité, c'est seulement à partir de l'année 1833, que s'ouvrit en France une ère nouvelle pour la production et l'amélioration de la race chevaline.

Parmi les personnes éminentes qui, à cette époque, s'intéressèrent vivement aux progrès de cette grande industrie, il convient de citer M. Thiers, car c'est sur sa proposition, comme ministre du Commerce et des Travaux publics, qu'une ordonnance royale du 3 mars 1833 prescrivit la formation d'un registre matricule, appelé le *Stud-book*, pour l'inscription des chevaux de race pure existant en France, et de plus, cet illustre homme d'État fit, en sa qualité de ministre du Commerce, à la date du 15 décembre suivant, un réglement important, en 164 articles, que l'on peut appeler le code des Haras, et qui a dû servir à celui des courses.

A la même époque se forma une association devenue célèbre, qui a rendu d'immenses services au pays, sous le titre de Société d'encouragement pour l'amélioration des races de chevaux en France.

Les fondateurs de cette société disaient dans un manifeste portant la date du 11 novembre 1833 :

« Les soussignés, frappés de la décadence de plus
« en plus croissante des races chevalines en France
« et jaloux de contribuer, en les relevant, à créer
« dans ce beau pays un nouvel élément de richesse,
« se sont réunis pour aviser au moyen d'y parvenir.

« Il ne leur a pas été difficile de constater les causes
« du mal. Une entre autres méritait leur sérieuse
« attention. Le manque d'encouragement, accordé à
« l'élève des chevaux de pur sang, réduit depuis
« longtemps cette industrie à l'inaction et à la sté-
« rilité, et cependant rien n'importerait plus que de
« la secourir et de lui donner tous les développe-
« ments imaginables, car elle seule peut parvenir à
« doter la France des espèces légères qui lui man-
« quent et enfin l'affranchir un jour du tribut annuel
« qu'elle paye aux étrangers. C'est donc à la propa-
« gation des races pures, sur le sol français, qu'ont
« dû tendre les efforts des soussignés, et c'est dans
« le but de concourir de tous ses moyens à les mul-
« tiplier, qu'est fondée la Société d'encouragement
« pour l'amélioration des races de chevaux en
« France. »

Voici un aperçu des statuts de cette société, avec les noms des fondateurs qui méritent d'être signalés :

1° La Société d'encouragement pour l'amélioration des races de chevaux en France est composée de 14 membres fondateurs dont les noms suivent :

Membres honoraires :

Les ducs D'ORLÉANS et DE NEMOURS.

Membres fondateurs :

MM. le comte Maxime Caccia ;
le comte de Cambis ;
Delamarre ;
le comte Demidoff ;
Fasquel ;
Charles Laffitte ;
Ernest Leroy ;
le chevalier de Machado ;
le Prince de la Moskowa ;
Denormandie ;
Rieussec ;
et lord Henry Seymour.

Ces 12 derniers membres pourront s'en adjoindre un nombre illimité.

2° Toute personne qui désirera faire partie de la Société devra être présentée par trois membres à une de ses réunions. Elle sera tenue de verser 150 fr. en entrant et à souscrire pour 100 fr. de cotisations annuelles.

3° Les membres fondateurs de la Société nommeront entre eux trois membres pour remplir les fonctions de Commissaires des courses.

4° Ne seront admis à concourir pour les prix décernés par la Société que les chevaux entiers et juments de pur sang nés et élevés en France.

5° Sont considérés comme de pur sang français les chevaux et juments nés et élevés en France et issus d'une jument et d'un cheval dont la généalogie se trouve constatée au Stud-Book, ou qui seraient eux-mêmes issus d'ancêtres dont les noms s'y trouvent insérés.

Après la fondation de la Société d'encouragement et, pour en augmenter les moyens de succès, on créa, en 1834, le cercle du Jockey-Club dont tous les membres font maintenant partie de cette Société, à la charge d'une cotisation annuelle de 100 francs.

Aussitôt la formation de la Société d'encouragement et sous l'influence collective ou particulière de ses fondateurs, les courses de chevaux prirent en France un rapide essor.

Le gouvernement augmenta de valeur les prix déjà décernés en son nom et il en créa d'autres; de son côté, la Société d'encouragement en institua un grand nombre.

Alors le goût de l'élevage et de l'amélioration de la race chevaline se répandit, et bientôt les sportmen français purent se préparer à une lutte prochaine et courtoise avec ceux de l'Angleterre.

Hommage en soit donc rendu à la Société d'encouragement et au cercle du Jockey-Club.

M. A. Lupin est le premier de nos éleveurs qui ait gagné en Angleterre avec un cheval pur sang né en France.

Les premières courses instituées par la Société d'encouragement eurent lieu au Champ de Mars en mai 1834, et depuis l'année 1857 elles ont lieu au bois de Boulogne sur le terrain de Longchamps.

Nous n'avons point voulu mêler la politique aux divers sujets traités dans ce livre; mais si le dernier empereur, tombé du trône d'une manière si affligeante pour son nom et pour l'honneur français, a, dans l'histoire de son règne de souverain absolu, une belle et pacifique page, ce sera celle qui parlera de la création du bois de Boulogne et du champ de courses de Longchamps.

Cependant, en lui laissant l'idée de cette création que seul peut-être il pouvait réaliser, à cause de son autorité indiscutable, il faut, pour être juste, attribuer en grande partie le mérite du tracé et de l'exécution à M. Varé de Saint-Martin du Tertre, près Luzarches, qui est regardé comme le plus éminent des émules du célèbre Le Nôtre, et que de bons juges considèrent comme doué du génie créateur des parcs ravissants, des vastes et splendides perspectives et des transformations qui surprennent l'imagination. Aussi qualifie-t-il lui-même de *joujoux* les agréables et petits travaux faits par ses successeurs aux Champs-Élysées.

Il nous a assuré que les dépenses qui avaient été faites sous sa direction au bois de Boulogne ne s'étaient élevées qu'au chiffre de 1,222,000 francs.

Pour le récompenser de ces grands travaux exécutés dans le cours de trois années (de 1852 à 1855) il a été décoré, de la main même de l'empereur Napoléon III, de l'ordre de la Légion d'honneur.

Nous rapporterons plus loin des vers d'un poète marseillais sur M. Varé et le nouveau bois de Boulogne.

La Société d'encouragement n'a pas été instituée dans un esprit de spéculation et d'intérêt particulier; elle a toujours eu, au contraire, un but éminemment national et elle prend, chaque fois qu'il lui paraît à propos, toute mesure convenable pour ne pas laisser dévier de ce but les courses qu'elle patronne.

L'état florissant de ses affaires, dû aux cotisations de ses membres, qui sont aujourd'hui près de 800, et à la perception des droits d'entrée aux courses, source abondante de produits, a permis au gouvernement de cesser depuis plusieurs années de faire à la Société d'encouragement des allocations destinées à des prix de courses.

Tous les prix donnés et courus sur les hippodromes du bois de Boulogne et de Chantilly sont pris sur les fonds de cette société, à l'exception de.

A Chantilly, un prix de 2,000 fr. donné par le chemin de fer du Nord;

Et à Paris, 4 prix, savoir:

Le prix du Conseil général de la Seine de 4,000 fr.;

Le prix de la Ville de Paris de 6,000 fr.;

Le prix de la Néva de 5,000 fr., offert par un membre de la Société d'encouragement;

Et le Grand prix de 100,000 fr. donné moitié par les cinq grandes compagnies des chemins de fer et l'autre moitié par le Conseil municipal de Paris au nom de la Ville.

Beaucoup de prix ont été successivement augmentés, notamment le prix du Jockey-Club qui est couru à Chantilly. Ce prix était en 1836 de 5,000 francs, il est maintenant de 50,000 francs sans les entrées.

La Société est devenue locataire du terrain de Longchamps pour 50 ans à partir de 1857, moyennant une redevance annuelle fixée à 1,000 fr. pendant 20 années et ensuite à 12,000 fr. et de plus à la charge d'entretenir le terrain et de supporter toute la dépense de construction des tribunes et de leur entretien.

Le terrain des courses du bois de Boulogne a une étendue d'environ 66 hectares et la Pelouse de Chantilly, sans la portion nouvellement déboisée, comprend 51 hectares.

Hippodrome de Chantilly.

L'année 1834 vit aussi s'établir des courses de chevaux à Chantilly sous le patronage du duc d'Orléans, prince doué des plus nobles qualités et qui périt si malheureusement d'une chûte sur la route de Neuilly, le 13 juillet 1842.

Une course imprévue eut lieu en 1833 sur le terrain de la Pelouse, entre plusieurs sportmen s'y rencontrant au retour d'une chasse, notamment M. Charles Laffitte, le prince Labanoff et M. de Normandie. Leurs chevaux se lancèrent instinctivement. Celui de M. de Normandie fut vainqueur. Ces gentlemen se firent la promesse, avec l'encouragement du duc d'Orléans, de recommencer l'année suivante, ce qui eut lieu, mais avec plus de solennité et le concours d'autres sportmen.

La satisfaction fut alors complète et les courses de Chantilly demeurèrent ainsi fondées.

Grâce à la convenance du sol de la pelouse, à la beauté du lieu, aux promenades dans la forêt dont plusieurs allées servent à l'entraînement des chevaux et aux facilités de voyage rapide qu'offre le chemin de fer du Nord, ces courses ont toujours été en progrès, et de nombreuses écuries d'entraînement se sont formées à Chantilly et à proximité de cette ville.

Le prix du Jockey-Club, fondé par la Société d'encouragement pour l'amélioration des races de chevaux en France, a été couru à Chantilly pour la première fois en 1836, et fut gagné par Franck à lord Seymour; il était alors, comme nous l'avons dit plus haut de 5,000 fr. Des augmentations successives l'ont porté à 50,000 fr., son chiffre actuel.

L'organisation et la direction des courses de Chantilly ont été confiées à la Société d'Encouragement en 1852 par l'administration municipale de cette ville, qui en avait eu le soin depuis la révolution de 1848, par suite d'un arrangement avec le domaine.

D'après la convention conclue avec l'autorité municipale, la Société verse chaque année entre les mains du receveur de Chantilly une somme de 1,000 fr., comme redevance et depuis 1865, à titre de don volontaire, une autre somme de 1,000 fr. au bureau de bienfaisance.

Le premier bail fait à la Société par le propriétaire du domaine de Chantilly date du 1er juin 1852 ; il comprenait seulement la Pelouse, les Tribunes avec leurs dépendances et le droit d'entraîner dans la route du Connétable.

Il a été renouvelé deux fois depuis et le bail actuel, qui comprend trois autres routes dont nous parlerons plus loin, affectées à l'entrainement comme la route du Connétable, a été fait moyennant 7,500 fr. par an, pour finir en janvier 1884 ou 1887, au choix respectif des intéressés.

La commune de Gouvieux, qui a sur la pelouse un droit de pâturage, en a cédé la jouissance, sauf quelques mois de l'année, à la Société d'encouragement pour tout le temps que celle-ci sera locataire de la Pelouse, des Tribunes, etc.

L'importance que prennent les courses, le nombre toujours croissant des amateurs de sport et l'affluence qui se presse aux luttes hippiques, rendent désirables des modifications aux tribunes ou leur reconstruction sur un plan plus vaste, et peut-être leur déplacement.

Ces élégantes tribunes ont été établies en l'année 1847. Monseigneur le duc d'Aumale qui les fit construire ne put les inaugurer à cause de la révolution du 24 février 1848, qui l'obligea à quitter la France qu'il servait comme général et gouverneur de l'Algérie.

C'est en premier lieu à la grande société du Jockey-Club qu'il appartient d'apprécier et de faire agréer la convenance d'un changement des tribunes. Mais que l'on veuille bien permettre à un habitant dévoué de Chantilly d'exprimer quelques idées sur ce sujet et sur l'hippodrome.

Nous ferons avant tout remarquer que sur plusieurs points importants, les intérêts de la ville de Chantilly ont pour règle et pour limite la volonté éclairée du prince, se manifestant habituellement par des actes de bienveillance et de générosité.

Il en est ainsi en ce qui concerne la distribution des eaux.

A notre avis, on ne saurait, sur ce point, concevoir aucune inquiétude légitime, bien que les concessions soient faites avec des réserves ayant un caractère potestatif.

A l'égard de la Pelouse, l'accès, il est vrai, en est rendu un peu gênant, surtout pour les dames et les cavaliers, par les bornes placées de distance en distance et reliées entre elles par des chaînes qui ne permettent de pénétrer que là où une volonté supérieure veut bien laisser des passages. Cette réminiscence lointaine et seigneuriale du droit de propriété semble peu opportune et surtout contraire aux idées libérales connues du prince.

On espère toutefois que l'on ne fermera pas de cette manière l'inutile voie que l'on paraît devoir créer sous la dénomination de boulevard d'Aumale, au long des propriétés donnant sur la pelouse, au préjudice de la circulation qui se porte vers la rue Saint-Laurent et la grande rue de Paris et qui anime ces deux voies.

Mais la grande et suprême préoccupation pour la ville de Chantilly est le maintien des écuries de courses au sein de cette ville, et de son hippodrome.

L'incertitude à l'égard de la jouissance pour une durée prolongée de la pelouse et de quelques routes de la forêt, jugées indispensables pour l'entraînement et l'éducation des chevaux, a déjà fait prendre à plusieurs sportmen la résolution de déplacer leurs écuries; Compiègne et d'autres localités les ont recueillies. On peut ajouter que d'autres écuries se trouvent dans une attente préjudiciable et que cet état de choses est également nuisible à beaucoup de propriétaires qui ne peuvent louer leurs boxes que d'une manière précaire et à très-courte échéance.

L'hippodrome de Chantilly a maintenant une très-grande importance. De nombreuses fortunes sont attachées à son maintien et à sa durée prolongée.

Cet hippodrome étant dans un site des plus agréables, attire les amateurs à cause de sa situation privilégiée. Aussi est-il incontestablement le plus suivi des hippodromes de France, après celui de Paris.

Les intelligents fondateurs des courses de Chantilly avaient bien remarqué cette situation favorable et l'on reconnait là, l'œuvre d'hommes compétents et pratiques.

La colonie anglaise de cette ville, adonnée exclusivement à l'élevage des chevaux, dépasse actuellement le nombre de 800 habitants.

En 1878, 501 chevaux ont payé la taxe d'entrainement.

Il y a, en outre, à Chantilly près de 150 chevaux de luxe ou de travail.

Les agriculteurs des environs doivent se féliciter

de trouver dans cette ville, à la fois, un débouché pour leurs produits et des engrais en échange.

L'industrie chevaline occupe donc une grande place à Chantilly et donne lieu à d'incessantes opérations de commerce ainsi qu'à des relations multiples. C'est pourquoi la nécessité de se rendre quelquefois à la justice de paix de Creil entraine un dommage qui serait nul s'il y avait une autre justice de paix à Chantilly, ainsi qu'en ont souvent manifesté le désir bien des esprits réfléchis et impartiaux que n'arrêtent point des idées surannées ou d'étroites considérations.

Personne ne doute, en ce qui concerne l'hippodrome de Chantilly, des intentions favorables du prince, par l'intérêt qu'il prend à la prospérité de cette ville, comme au progrès, par esprit national, de l'amélioration de la race chevaline; mais en présence d'une location qui doit expirer dans peu d'années, il est permis, ce nous semble, au nom de la ville, de recommander à toute sa sollicitude cette situation anxieuse et préjudiciable et de faire remarquer qu'une éventualité de décès ou toute autre cause pourrait encore l'aggraver.

Tous les intéressés sollicitent, comme de première nécessité, une longue durée de jouissance de la pelouse et de plusieurs routes de la forêt pour le dressage des chevaux.

Les routes concédées actuellement sont celles des *Lions*, *Milliard* et des *Vieilles-Garennes*, ainsi que la route de *Pontarmé*, dite *route mystérieuse*, à cause des essais isolés qui s'y font à des conditions particulières.

Une cinquième route, qu'il serait loisible de garnir de feuilles, semble nécessaire pour pouvoir exercer les chevaux en hiver, quand les autres routes sont peu praticables.

La piste de l'hippodrome pourrait être modifiée, en la rapprochant des jardins qui se trouvent au couchant de la pelouse, afin d'éviter (sauf pour quelques courses exceptionnelles, si le Jockey-Club le croit nécessaire) la descente rapide au-delà des écuries et la montée avant d'arriver à la piste droite des tribunes, et aussi pour rendre plus visible à la généralité du public, l'émouvant spectacle des luttes hippiques.

Après avoir reporté les tribunes à peu de distance du chalet des gardes et toujours adossées à la forêt, la piste, pour lui conserver une forme elliptique, passerait à 100 ou 150 mètres des jardins du côté du couchant, se continuerait vers les réservoirs et irait seulement un peu au-delà des écuries pour faire une légère courbe jusqu'à la ligne droite des tribunes.

Relativement aux réservoirs, quatre combinaisons nous paraissent dignes d'examen :

1° Déplacement de ces réservoirs :
On a parlé de les reporter vers le mont du Pô. Il semble que l'on pourrait trouver une place où l'on s'arrangerait pour tenir les eaux au moins aussi élevées que maintenant, soit à l'entrée de la forêt, soit dans la partie déjà déboisée derrière le jeu d'arc, opération qui ne paraît pas avoir été une innovation heureuse pour les courses, la plupart des spectateurs ne pouvant jouir du départ des chevaux à cause de la situation des tribunes.

L'emplacement actuel des réservoirs mis de niveau avec la pelouse pourrait, en conservant la plupart des arbres, former une promenade abritée et être utilisé pour les fêtes et les exercices.

2° Suppression du deuxième réservoir :
Le premier étant alors rempli plus fréquemment, l'eau en serait plus potable.

3° Maintien des deux réservoirs en faisant passer la piste au midi des jardins entre la première rangée d'arbres et un chemin de halage à laisser au long du premier réservoir ou en rétrécissant ce réservoir :
Il n'y aurait pas d'inconvénient à abattre les gros

arbres qui sont rapprochés des jardins et qui produisent une humidité telle qu'en toute saison la voie publique est mauvaise. On remplacerait ces arbres par de jeunes tilleuls qui continueraient la ligne de ceux plantés en bordure de la rue d'Aumale.

4° Enfin, pratiquer un passage d'une largeur de vingt à vingt-cinq mètres entre les deux réservoirs, en mettant le terrain de ce passage en gazon et de niveau avec la pelouse :

Le passage dallé qui existe actuellement entre ces deux réservoirs n'a qu'une largeur de 2 m. 25 c. sur 75 m. 60 c. de long.

On raconte que l'un des princes de la maison de Condé aimait à passer sur ce pont étroit en conduisant lui-même une voiture attelée de 4 chevaux, montrant ainsi qu'il savait braver le péril.

Nous pensons que la mesure la plus rationnelle serait le déplacement des réservoirs en les reportant derrière le jeu d'arc. Là on pourrait facilement relever le terrain à l'entour par les fouilles à faire. Le heurt se trouverait masqué par des plantations et l'on ferait ainsi disparaître de la pelouse les talus disgracieux des réservoirs actuels qui arrêtent la vue.

Pour l'étude des changements à faire, nous allons indiquer quelques mesures linéaires.

Les réservoirs ont en largeur de l'est à l'ouest

75 m. 60 c. et en longueur chacun 58 m. 70 c; ils forment ensemble, avec la largeur du passage de 2 m. 25 c. qui les sépare, une longueur de 119 m. 25 c.

Ces réservoirs sont entourés d'une bande de terrain en élévation ayant de tous côtés une largeur de 14 m. 60 c., ce qui donne pour la longueur totale de l'emplacement des réservoirs 148 m. 85 c. et pour la largeur totale 104 m. 80 c.

Enfin la largeur de la rue d'Aumale est de 15 m., compris les deux trottoirs et ensuite en face des réservoirs l'espace de la voie publique est plus large près du pied du terrain surélevé qui borde le premier réservoir.

Il y a trois pistes pour les courses sur le terrain de Chantilly :

La grande piste qui est nouvelle et qui part de la partie de pelouse récemment déboisée; cette piste circulaire a un parcours de 2,400 mètres.

La piste ancienne, aussi circulaire, dont le parcours est de 2,000 m.

Enfin la piste droite pour les jeunes chevaux partant près de l'ancienne poste aux chevaux. Son parcours est de 800 mètres environ.

Si l'on déplaçait les tribunes, il y aurait peut-être lieu d'établir dans une autre direction une piste droite, d'un parcours égal.

Il y a également au bois de Boulogne trois pistes circulaires :

Une de 2,800 mètres.

Une de 2,000 mètres.

Et la troisième (nouvelle piste entre les deux autres) de 2,400 mètres.

Nous allons faire connaître maintenant les conditions d'entraînement sur le terrain de Chantilly, d'après le règlement général de la Société d'encouragement.

Du terrain d'entraînement de Chantilly.

Art. 25.

Il est pourvu aux dépenses ordinaires d'entretien de la pelouse et des allées de Chantilly, au moyen des ressources spéciales créées ci-après. En cas d'insuffisance de ces ressources, le comité peut y ajouter une subvention dont le chiffre est fixé d'avance chaque année. Quant aux travaux extraordinaires d'amélioration, ils ne peuvent être entrepris que sur le rapport des commissaires, et en vertu de décisions du comité.

Art. 26.

Une commission de cinq membres, nommés chaque année par le comité, et toujours rééligibles, est chargée de la police et de l'entretien de la pelouse et des allées d'entraînement. Elle dispose, à cet effet, de la subvention accordée par le comité des courses, et du montant des cotisations dont il sera parlé ci-après, et qu'elle est chargée de percevoir. Elle fait de ces fonds l'emploi qu'elle juge convenable et tient un compte détaillé de sa gestion.

Elle nomme un garde du terrain, assermenté, révocable par elle et dont les fonctions consistent, tant à constater par des procès verbaux les délits ordinaires, qu'à assurer l'exécution du présent règlement.

Art. 27.

Pour les dépenses de garde et d'entretien du terrain, il sera perçu annuellement une cotisation, fixée par le comité, pour chaque cheval ayant pris son exercice, même une seule fois, sur la pelouse ou dans les allées d'entraînement.

Sont exceptés les chevaux qui n'auraient usé du

terrain que pendant la semaine qui précède chaque réunion de courses à Chantilly, et la semaine qui suit.

Art. 28.

La cotisation doit être payée dans le mois de l'arrivée de chaque cheval, entre les mains du garde du terrain, et sans qu'il soit besoin que ce dernier la réclame. Passé ce délai, la cotisation sera augmentée de 50 %.

Art. 29.

Il peut être défendu de galoper sur la pelouse lorsque la conservation du terrain rend cette mesure nécessaire. La défense sera affichée, et toute infraction punie d'une amende de 20 fr. par cheval; cette amende est portée à 100 fr. en cas de récidive dans l'année.

Art. 30.

Les personnes voulant essayer des chevaux sur la piste doivent en prévenir le garde du terrain qui autorise l'essai si l'état de la pelouse le permet, ouvre les chaînes et perçoit une somme de 20 fr. pour chaque essai de 4 chevaux au plus, et de 40 fr. s'il y a plus de 4 chevaux.

Le déplacement des poteaux, l'ouverture ou la rupture des chaînes, outre les poursuites que ce délit peut motiver, sont punis, s'ils ont lieu dans le but de faire galoper des chevaux sur la piste, d'une amende de 100 fr. par cheval.

ART. 31.

Si un propriétaire ou entraîneur refuse de payer les cotisations ou amendes fixées ci-dessus, tous les chevaux lui appartenant ou faisant partie de son écurie, même ceux pour lesquels il ne serait rien dû, sont exclus du terrain; et, de plus, tout cheval pour lequel il sera dû une amende ou une cotisation ne peut jusqu'à ce qu'elle ait été payée, courir dans les courses de la Société.

ART. 32.

Le produit des amendes ci-dessus est affecté aux dépenses d'entretien du terrain d'entrainement.

Des galops et essais sur le terrain de Chantilly.

ART. 39.

Le comité exprime un blâme sévère contre les personnes qui font métier d'épier les essais.

Art. 40.

Aucun entraineur, jockey ou garçon d'écurie ne peut suivre les galops des chevaux appartenant à d'autres écuries, et s'il est reconnu qu'une infraction à cet article a été commise avec mauvaise intention, les syndics peuvent la punir d'une amende de 10 fr. à 100 fr.

Art. 41.

Les personnes qui veulent essayer des chevaux peuvent requérir le garde du terrain, qui fait éloigner les personnes étrangères de l'endroit fixé pour la fin de l'essai. Tout entraineur, jockey ou garçon d'écurie qui refuse de s'éloigner, peut être puni par les syndics d'une amende de 10 fr. à 200 fr. Les propriétaires sont responsables des actes des gens à leur service, et paient les amendes encourues par eux, à moins qu'ils ne préfèrent les renvoyer; dans ce cas le nouveau maître chez lequel entrent ces gens devient responsable de l'amende.

Art. 42.

Le produit des amendes ci-dessus fait retour au fonds destiné à secourir les jockeys et garçons d'écurie blessés ou malheureux.

Commissaires des courses :

MM. le baron de la ROCHETTE ;
le comte HENRI GREFFULHE ;
le comte HOCQUART DE TURTOT.
MACKENZIE-GRIEVES, commissaire-adjoint, pour la surveillance du terrain de Paris.

Commission chargée de la surveillance et de l'entretien de la pelouse et du terrain d'entrainement de Chantilly :

MM. le comte D'HÉDOUVILLE, président ;
H. DELAMARRE ;
le baron A. de SCHICKLER ;
le duc DE FEZENSAC ;
Paul DE SALVERTE.

Secrétaire de la Société, M. G. GRANDHOMME, qui remplace aujourd'hui M. Grandhomme père, lequel a été pendant quarante ans secrétaire du Jockey-Club et de la Société d'encouragement.

VERS SUR VARÉ.

Nous pensons qu'il sera agréable de lire, après une modeste et sèche prose, de beaux vers de Barthélémy, sur M. Varé de Saint-Martin du Tertre; ces vers sont tirés d'un poème intitulé le Bois de Boulogne, paru en 1860.

Le poète, à la question : où trouver l'homme capable d'exécuter la pensée impériale ? répond :

C'est Varé!..................
C'est VARÉ! Longtemps même après la fleur de l'âge,
Son nom dormit obscur dans l'ombre d'un village;
Combien il était loin de soupçonner alors
Qu'un jour il dînerait chez des ducs et des lords,
Et que, d'un beau ruban, en moire purpurine,
La main d'un empereur parerait sa poitrine!
La gloire fut tardive à se lever sur lui;
Oui, lui-même il l'avoue, à présent qu'elle a lui,

Oui, debout vers l'aurore, au cri de l'alouette,
Il enfonçait le pic, il poussait la brouette;
Ses mains n'ignoraient pas le calus du chantier.
Mais, tandis que son front suait sous le métier,
Dans ce front qu'on eût dit frappé de somnolence,
Tous les germes de l'art fermentaient en silence.
Souvent il contemplait, avec des yeux pensifs,
Les ramures sans fin, les groupes, les massifs,
Les dômes colorés d'harmonieuses teintes,
Les sentiers, les replis de tous ces labyrinthes
Qui courent au milieu d'un calme solennel,
Entre Montmorency, l'Ile-Adam et Carnel.
Alors, il s'élançait vers la gloire future
De propager partout cette forte nature,
Et, comme André Chénier, que la hache immola,
Il disait, par moments : « J'ai quelque chose-là ! »
Tout-à-coup, comme sort la lave d'un cratère,
Le Shakspeare des parcs sembla jaillir de terre,
Et montant d'un seul bond à toute sa hauteur,
Se posa sur la scène en régénérateur.
. . . .

Quel châtelain moderne oserait se permettre
De planter un seul arbre à l'insu du grand maître?
Et ce maître pourtant, qu'on recherche à tel prix,
Aux pages du savoir n'a jamais rien appris.
Pauvre, inculte, en quittant le giron de sa mère,
A peine épela-t-il au gymnase primaire;
Il n'a jamais traîné ses pas indépendants
Dans l'immuable ornière où règnent les pédants;
Il ne sait même pas qu'en un temps loin du nôtre,
Fut un Dieu des jardins, qui s'appelait Le Nôtre;

Et l'instinct seul fit tout pour ce rude écolier ;
Il a, comme Socrate, un démon familier.
Son corps même est construit pour les rustiques scènes ;
Libre enfant du hameau, compagnon des vieux chênes,
Il a pris la vigueur et le port de leurs troncs.
Il jette sa pensée en mots rudes et prompts.
N'attendez pas de lui, quel que soit le salaire,
Qu'il réforme ses plans, par désir de vous plaire ;
Bien longtemps, près de vous avant de le tenir,
Vous l'appelez ; il vient, s'il veut ou peut venir :

« Je suis prêt, dira-t-il, mais qu'il vous en souvienne,
« Votre science doit plier devant la mienne,
« Vous gâteriez mon œuvre et je vous le défends.
« Si vous voulez, seigneurs, faire un jardin d'enfants,
« S'il vous faut des perrons, des orangers en boule,
« Des ruisseaux dont la voix parmi les fleurs roucoule,
« Des chemins prolongeant leurs réguliers aspects,
« Des bassins bien carrés, de petits temples grecs,
« Des bosquets de boudoir aux gentilles cachettes,
« Vous trouverez ailleurs des messieurs à manchettes
« Qui, sans imaginer ni coteaux ni vallons,
« Vous feront des jardins plats comme vos salons.
« Mais si vous préférez à l'art de l'Italie
« Celui dont l'Angleterre est tant enorgueillie ;
« Si vous aimez les bois découpés en tous sens
« De sites imprévus, d'horizons saisissants,
« Les contrastes, les jeux d'ombres et de lumières,
« Le frais tableau des lacs, des îles, des rivières ;
« Si vous croyez enfin que ces vives grandeurs
« Sont la nature et non les classiques fadeurs ;

« Surtout, si de votre or, vous n'êtes point avares,
« Me voici : Donnez-moi cent ou deux cents hectares,
« Un espace où jamais un germe n'est venu,
« Une bruyère sèche, une grève, un roc nu,
« Je vais les découper en entailles fécondes,
« Je frapperai la terre, il jaillira des ondes ;
« Je la repétrirai de l'un à l'autre bout.
« Vous voulez une roche? elle sera debout;
« Un chalet? vous l'aurez sur quelque douce plage ;
« Vous demandez un parc, un jardin? De quel âge?
« Jeune ou vieux, commandez, je puis en peu de temps,
« Vous en faire de dix, de vingt, de quarante ans ;
« En avant! »

  A ces mots, grand de toute sa taille,
Ainsi qu'un général sur un champ de bataille,
A travers les ravins, les plaines, les halliers,
Guidant ses travailleurs, robustes journaliers,
Comme pour maîtriser un riche territoire,
Combattre la nature et saisir la victoire,
Le premier, il s'avance, à gigantesques pas,
Son papier, c'est le sol, son œil est le compas.
Vous le voyez au loin, la tête haute et nue,
Sous un soleil torride ou sous la froide nue,
Vous voyez scintiller, ainsi que deux miroirs,
Ses yeux clairs ombragés par de longs sourcils noirs.
D'un geste impérieux, d'une voix aguerrie.
Il manœuvre à son gré sa rude infanterie,
Tantôt groupant, tantôt semant en échelons
Ses pieux intelligents et ses vivants jalons :
« Ouvrez vos rangs, marchez sur cette rive étroite;
« Longez ce bois, plus près, plus loin, à gauche, à droite;

« C'est bien ! Halte pour tous ! ne bougez plus ! »

         Soudain
Il s'éloigne des rangs, rapide comme un daim,
Il se pose debout sur quelque bloc de pierre,
Et, sur tout le pays promenant la paupière,
Il reste enveloppé d'un long recueillement.
Oh ! que nul ne le trouble en ce grave moment ;
Qu'on le laisse immobile et seul avec lui-même ;
Il invente, il médite, il compose un poème
Dont l'ensemble, échappé de sa puissante main,
Sur cette grande page éclatera demain.

         BARTHÉLEMY,
        Auteur de la *Némésis*.

VIII.

EXTENSION DES EMBELLISSEMENTS DE CHANTILLY.

Le château de Chantilly, le musée formé par le duc d'Aumale et la belle promenade des parterres attirent de nombreux visiteurs les dimanches et les jeudis.

On doit louer hautement ce prince et lui être reconnaissant de ses bienveillantes intentions pour Chantilly, puisqu'il contribue ainsi, dans une large mesure, à faire rechercher et aimer cette ville.

Ce serait pourtant une flatterie excessive que de tout rapporter au prince, car Chantilly s'est embelli et augmenté pendant son exil.

Deux honorables habitants de Chantilly, M. Fraser Duff, syndic de la colonie anglaise, et M. Jacques Petit, ancien maire de Chantilly ont donné un essor sérieux et efficace à l'amélioration et à l'élégance des constructions urbaines.

Bientôt il ne se trouvera plus dans Chantilly d'emplacements libres pour construire.

Aussi, en dehors de la ville, une nouvelle création

de propriété grandiose va s'achever dans les mains de l'un des membres de l'importante maison financière de MM. de Rothschild.

Le parc des Fontaines, situé sur la commune de Gouvieux, à côté du viaduc de Chantilly, acheté par M. le baron James de Rothschild et par lui considérablement augmenté, au moyen d'autres acquisitions, est destiné à recevoir une construction en rapport avec la fortune du nouveau propriétaire.

Déjà ce parc, tel que son vendeur l'avait formé, grâce à une persévérance extrêmement laborieuse, passe pour une belle propriété. Il contient une superbe pièce d'eau vive de plus de trois hectares d'étendue, coupée par des îles et agrémentée par des alentours pittoresques (1).

L'imagination aidant, on en a poétiquement décrit les impressions, dans les termes suivants :

Les agréments du parc des Fontaines.

« Quel beau panorama se déroule en ces lieux !
« L'eau, les bois, la verdure y ravissent les yeux.
« Des grottes, des rochers et l'onde qui murmure,
« Avec un art habile imitent la nature.

---

(1) C'est M. Hippolyte Lecerf, qui a créé ce parc.

« L'air pur que l'on respire, en ce site enchanté,
« Dispose à l'exercice ainsi qu'à la gaîté.
« Avez-vous pour la pêche une passion vive?
« Ou bien nouveau Nemrod, apte à lancer le trait,
« La chasse a-t-elle aussi pour vous un peu d'attrait?
« Vous pouvez en goûter la douce alternative.
« Parfois, malgré le vent, et le cœur sans alarmes,
« Si pour plaire aux enfants vous voulez d'autres charmes,
« Sur le lac vous passez vos instants de loisir,
« Tout laisse en votre esprit le meilleur souvenir.
« Dans ces distractions le jour coule et s'achève,
« Trop rapide et charmant comme dans un beau rêve. »

Janvier 1870.

IX.

ÉLOGES DE MM. DUFF ET PETIT.

Motif de la reproduction de ces éloges.

Nous croyons devoir expliquer que les deux discours qui suivent ont été prononcés et sont reproduits ici, l'un en vue d'affirmer et de contribuer à étendre la sympathie qui existe à Chantilly entre les regnicoles et la colonie anglaise et l'autre pour consacrer dans les fastes historiques de Chantilly un mémorable et douloureux temps : le séjour prolongé des Prussiens dans cette ville, la fermeté de sa municipalité et de ses habitants et, comme conséquence glorieuse, l'arrestation d'ôtages.

M. Fraser DUFF.

(*Journal de Senlis* du 2 septembre 1877.)

Le mercredi 29 août 1877, une foule immense se pressait autour de la dépouille mortelle d'un homme honoré de l'estime de tous, pour sa haute et impartiale équité, pour sa bonne grâce, simple sans cesser d'être digne et surtout pour tout le bien que sa main libérale semait autour de lui.

Dans ce demi-silence recueilli qui flotte autour des mémoires vénérées, on n'entendait qu'un murmure d'éloges et de regrets; bien des larmes ont coulé des yeux de ce petit peuple anglais qu'il administrait si paternellement, lorsqu'ils virent descendre dans la tombe leur cher syndic, M. Fraser Duff.

Puisse cet hommage unanime et ces larmes si vraies adoucir quelque peu l'amertume de la séparation pour sa jeune famille, pour celle surtout qui le perd et longtemps avant l'heure : M. Duff n'avait pas encore atteint sa quarante-septième année!

La dette des adieux a été acquittée, au nom de la ville et de la colonie, par M. Hippolyte Lecerf, ancien notaire.

Nous sommes heureux de reproduire ce discours, inspiré par la vérité seule, et prononcé avec toute l'émotion de l'amitié :

« Messieurs,

« La ville de Chantilly perd en M. Duff l'un de ses
« plus honorables et de ses meilleurs habitants.
« Si la colonie anglaise, dont il était le chef aimé
« et respecté, regrette en lui un directeur dévoué,
« juste, bienveillant et humain; nous Français, nous

« avons aussi des regrets très-mérités à exprimer
« devant sa tombe, car M. Duff était affable avec tout
« le monde et toujours prêt à rendre service.

« Pour ne pas trop retenir les nombreux assis-
« tants, je ne parlerai pas de la période de sa vie
« antérieure à son séjour à Chantilly.

« Vous savez tous qu'arrivé à la fortune par d'in-
« telligents et nombreux travaux en Égypte, il vint,
« il y a une dizaine d'années, se fixer dans notre ville
« dont l'air salubre et vivifiant était devenu néces-
« saire pour la santé de madame Duff.

« M. Duff a fait, au milieu de nous, un noble,
« généreux et utile emploi d'une fortune laborieuse-
« ment acquise.

« Il n'est jamais resté indifférent devant le malheur
« et la souffrance ; son cœur débordait de générosité,
« d'une générosité en quelque sorte cosmopolite,
« puisqu'il l'étendait à toutes les infortunes et à
« toutes les misères, sans regarder à la nationalité
« des malheureux qui s'adressaient à lui. Il était
« devenu, on peut le dire, Français par le cœur, en
« restant toujours attaché à ses compatriotes et à son
« pays d'origine.

« Nous devons encore à sa mémoire un témoignage
« de reconnaissance pour avoir contribué à l'embel-
« lissement de notre ville par d'élégantes construc-
« tions.

« Faire travailler était pour lui la plus douce occu-
« pation.

« L'affluence qui se presse autour de sa tombe
« témoigne hautement des vives sympathies qui
« entouraient M. Duff et sa famille, aujourd'hui si
« cruellement éprouvée.

« Sa mort a été inattendue et rapide comme la
« foudre, mais en lui une blessure était restée
« ouverte : son cœur avait été déchiré par le
« décès d'un fils bien-aimé ; et cette blessure,
« toujours saignante, ravivée par une grave émo-
« tion récente, au sujet de son second fils (1), a
« dû contribuer à sa regrettable fin.

« Adieu à ce noble cœur, au citoyen dévoué de
« deux nations amies. »

M. Jacques PETIT.

(*Journal de l'Oise* du 15 octobre 1878.)

Monsieur Petit qui fut maire de Chantilly pendant dix-huit années, vient de décéder en cette ville ; ses obsèques ont eu lieu avec un concours nombreux

---

(1) Le jeune Duff venait de sauver au péril de ses jours, un de ses camarades tombé dans le grand canal de Chantilly et qui, sans lui, se serait noyé. Le gouvernement lui a décerné une médaille de sauvetage pour cet acte de dévouement.

d'habitants. M. Hippolyte Lecerf, membre du Conseil municipal, a prononcé sur sa tombe le discours suivant, qui a obtenu l'approbation de tous les assistants :

Messieurs,

« Il y a près de deux années, M. Petit, obéissant à
« la loi fatale de l'âge et du déclin de la santé, mettait
« fin à sa carrière administrative, qui fut longue et
« laborieuse et qui a été traversée par les évènements
« les plus graves. Je voudrais la retracer pour en tirer
« la leçon et l'exemple à suivre ; mais je ne puis le
« faire que d'une manière très insuffisante, car la
« mort frappe si soudainement et l'heure des derniers
« devoirs et du suprême adieu arrive avec une rapi-
« dité telle qu'il ne m'a pas été possible de me livrer
« à une préparation de pensées et de langage dignes
« de la nombreuse assistance qui entoure cette tombe.

« J'aborde néanmoins ce sujet avec l'espoir d'être
« soutenu par votre bienveillante indulgence.

« M. Jacques Marin Petit, né à La Chapelle près
« Seez (Orne) et élevé à Chantilly, quitta cette ville
« pour exercer un commerce important à Paris, tou-
« tefois avec l'intention, si la fortune lui souriait, de
« revenir le plus tôt possible au foyer paternel et de
« mettre ses facultés au service de son pays.

« Vous le savez, Messieurs, il était doué d'émi-
« nentes qualités et ses adversaires s'honorent en lui
« rendant justice aujourd'hui.

« C'était un esprit ferme, sagace, ardent au travail,
« ne redoutant pas les difficultés parce qu'il savait
« les vaincre ou les tourner en cas de nécessité.

« Grâce à ces qualités, il marcha promptement
« dans la voie difficile de la fortune. Mais pour être
« complet et juste, il convient d'ajouter qu'il dut en
« partie sa réussite à la collaboration de la personne
« dévouée qui devint sa seconde épouse et qui le
« pleure aujourd'hui.

« Parvenu à la richesse, M. Petit revint occuper à
« Chantilly la maison paternelle qu'il agrandit et
« disposa avec goût; puis, ses concitoyens l'appelè-
« rent au Conseil municipal et il remplaça ensuite à
« la mairie, d'un consentement unanime, l'honorable
« M. Toussaint-Bougon, dont la mémoire est restée
« vénérée parmi nous.

« M. Petit a rempli les fonctions de maire pendant
« dix-huit années.

« L'activité qu'il a déployée, les travaux de viabi-
« lité et autres qu'il a fait exécuter pendant cette
« longue période, presque tous les assistants en ont
« été les témoins. Il embellit la Ville après lui avoir
« procuré des ressources par la création de l'octroi.

« L'établissement du gaz date de son administration et

« il nourrissait depuis longtemps la pensée de cons-
« truire des abattoirs. Il aurait voulu, lui aussi, faire
« de Chantilly un chef-lieu de canton. C'est une
« mesure qu'appellent la justice et l'intérêt bien com-
« pris de notre ville. Ayons confiance, pour cela, dans
« l'avenir.

« Je n'entrerai pas dans les détails de son adminis-
« tration, qui sont d'ailleurs bien connus et qui ont
« parfois fait naître des dissidences au sein du Con-
« seil municipal ; mais il faut prendre l'ensemble et
« reconnaître que le souvenir doit en être conservé à
« cause du bien général qui en est résulté.

« Je veux plus particulièrement louer et signaler à
« la reconnaissance publique la conduite de M. Petit,
« pendant la cruelle époque de l'invasion prussienne.

« Il resta, malgré son grand âge, à son poste comme
« maire, quand le flot de cette invasion passa la fron-
« tière et se répandit, comme un torrent dévastateur,
« jusqu'aux portes de Paris, héroïquement gardées.
« Chantilly fut dès lors au pouvoir d'un ennemi
« nombreux et puissant qui s'y imposa pendant plus
« d'une année, c'est-à-dire du 15 septembre 1870 au
« 20 septembre 1871.

« Ce fut un temps de pénibles angoisses et de diffi-
« cultés inouïes pour la mairie et aussi de douleurs
« patriotiques pour tous.

« Les Prussiens, après un grand nombre de réqui-

« sitions qui avaient épuisé les ressources de la com-
« mune, comme celles des particuliers, voulurent
« encore frapper la ville d'une contribution exorbi-
« tante. Il fallut bien refuser et tenir tête à ces der-
« nières exigences. Mais alors l'ennemi eut recours
« à l'odieux et barbare système des otages. M. Petit
« et six de nos concitoyens, entre autres M. l'abbé
« Dessaux, furent arrêtés et conduits à Coblentz, où
« ils restèrent enfermés dans la citadelle jusqu'à l'ar-
« mistice.

« Cet épisode, glorieux pour notre ville, formait
« comme le couronnement de l'administration de
« M. Petit. Aussi beaucoup ont applaudi lorsqu'on a
« lu dans le journal officiel que, par un décret en
« date du 4 février 1872, M. Thiers, Président de la
« République, nommait M. Petit, chevalier de la
« Légion d'honneur, *pour services rendus pendant la*
« *guerre et comme ayant été fait prisonnier et con-*
« *duit en Prusse.*

« Ces expressions sont assurément le plus bel éloge
« qu'on puisse faire de M. Petit, puisque cet éloge lui
« a été décerné par le grand citoyen, le sage et habile
« pilote qui a si heureusement dirigé à cette époque
« le vaisseau de l'État qui aurait peut-être sombré
« sans lui.

« En présence d'un aussi haut témoignage accordé
« au dévouement civique, amis et adversaires poli-

« tiques, abandonnant l'esprit de parti, doivent se
« confondre dans un même sentiment de respect
« devant la tombe de M. Petit et témoigner qu'il
« laisse parmi nous le souvenir d'un administrateur
« capable et dévoué. Quant à moi, Messieurs, c'est du
« fond de ma conscience que j'exprime ce senti-
« ment. »

TROISIÈME PARTIE.

LE DÉDOUBLEMENT DU CANTON DE CREIL.

I.

CONSIDÉRATIONS
A L'APPUI DE LA THÈSE D'UNE DIVISION CANTONALE.

Le canton de Creil est justement cité comme l'un des plus importants du département de l'Oise, en raison de l'étendue et de la valeur de son sol, de ses belles habitations, de ses agglomérations de population, de ses grands établissements industriels, enfin du mouvement considérable d'affaires et de relations de toute nature auxquelles donnent lieu les facilités de locomotion rapide existant sur Creil et sur Chantilly.

Le commerce et la grande industrie s'y sont développés d'une manière extraordinaire.

D'autres considérations naissent d'abord de la multiplicité des affaires ressortissant à la justice de paix dont le siége doit être le plus rapproché possible des justiciables, afin de leur épargner des pertes de temps et des frais.

Elles s'inspirent, en outre, de cette bienfaisante et utile influence — intellectuelle et morale, — que de grandes villes, comme Chantilly, doivent être à même d'exercer dans leur sphère cantonale.

Chantilly est un centre, non de plaisir, comme le disent des détracteurs intéressés, mais de relations recherchées qui ont surtout un but éminemment utile pour l'État et le pays en général : l'élevage et l'amélioration de la race chevaline, cette belle et noble occupation qui est l'occasion d'un salaire convenable pour beaucoup de familles et qui étend particulièrement ses bienfaits à l'agriculture du voisinage.

En devenant chef-lieu de canton, la ville de Chantilly acquerrait une nouvelle importance digne de son passé historique et de sa situation toujours grandissante.

A sa prospérité se rattache celle des communes voisines qui viennent alimenter ses marchés de leurs denrées et autres produits agricoles et qui, de plus, ont déjà, pour la plupart, un lien d'affinité avec Chantilly, résultant de l'admission gratuite de leurs vieillards à l'hospice de cette ville, et des secours distribués à leurs indigents.

Enfin l'exploitation des carrières de Saint-Maximin et de Saint-Leu, les usines de Gouvieux et de Coye et beaucoup d'autres établissements, ainsi que l'important commerce de bois, donnent lieu à un trafic qui s'opère par la voie de Chantilly et sans aucun rapport avec Creil.

En outre, depuis bien des années, la population du canton de Creil s'accroît constamment, tandis qu'elle a diminué notablement dans les arrondissements de Beauvais, Clermont et Compiègne.

Si l'on remonte seulement à l'année 1861, on trouve une augmentation de 5,941 habitants pour le canton de Creil. Les autres cantons de l'arrondissement de Senlis demeurent à peu près stationnaires.

Les chiffres que nous allons faire connaitre apportent une lumière éclatante sur la nécessité de la division du canton de Creil. Ces chiffres sont officiels et résultent d'un recensement fait en 1876, mentionné dans le *Journal officiel* du 8 novembre 1877.

POPULATION ACTUELLE DU DÉPARTEMENT DE L'OISE RÉPARTIE DANS 35 CANTONS, 401,618 HABITANTS.

Population par arrondissement :

	Habitants.	Cantons.
Beauvais.........	124,486	12
Clermont.........	88,795	8
Compiègne........	94,616	8
Senlis............	93,721	7
Total...	401,618	35

POPULATION DE CHACUN DES CANTONS DE L'ARRONDISSEMENT DE SENLIS.

	Habitants.
1° Betz................	8,514
2° Creil................	27,462
3° Crépy...............	14,451
4° Nanteuil.............	8,846
5° Neuilly-en-Thelle.......	11,488
6° Pont-Sainte-Maxence ...	8,704
7° Senlis...............	14,256
Ensemble...	93,721

Ce qui frappe dans ces résultats, c'est d'abord le chiffre supérieur de population de l'arrondissement de Senlis sur celui de l'arrondissement de Clermont et ensuite le chiffre de la population du canton de Creil, triple ou double de ceux des autres cantons du même arrondissement.

En présence d'une telle situation et en considérant les importantes attributions dévolues aux Conseils généraux par la loi organique du 10 août 1871, il est permis d'éprouver quelque étonnement de voir cet arrondissement, malgré sa supériorité numérique, compter moins de représentants au Conseil général que les arrondissements de Clermont et de Compiègne qui ont tous deux moins d'étendue territoriale.

Il est vrai que la loi organique précitée ne permet d'élire qu'un Conseiller général par canton, mais c'est un des motifs les plus graves pour demander la création d'un nouveau canton, en dédoublant celui de Creil.

Déjà même l'autorité religieuse a senti le besoin de diviser ce dernier canton en deux sections.

La création d'un nouveau canton aurait donc pour principal résultat, sans affecter sérieusement aucun intérêt particulier, de faire cesser l'injuste et inexplicable situation d'infériorité numérique de l'arrondissement de Senlis au sein du Conseil général.

Mode de division.

Deux modes ont été indiqués pour la séparation en deux cantons de la circonscription de Creil. Nous allons les faire connaître.

Première combinaison.

Sur les 19 communes qui constituent actuellement le canton de Creil, 6 seraient détachées pour former un canton particulier ayant Chantilly pour chef-lieu, savoir :

	Habitants.
Apremont avec	656
Chantilly	3,497
Coye	1,183
Gouvieux	1,867
La Morlaye	584
Saint-Maximin	1,293
TOTAL	9,080

Toutes ces communes se trouvent sur la rive gauche de l'Oise; leurs territoires s'étendent, pour ainsi dire, jusqu'aux portes de Chantilly et les relations avec cette ville sont plus faciles et plus fréquentes qu'avec Creil.

On doit ajouter qu'elles ont déjà formé entre elles un canton.

Les autres communes de la rive droite de l'Oise, composant une population de 18,382 âmes, resteraient au canton de Creil.

Deuxième combinaison.

Aux 6 communes de la rive gauche ayant 9,080 habitants, ci.. 9,080

On pourrait ajouter :
Blincourt, ayant une population de.. 381
Précy-sur-Oise............................. 911
Saint-Leu-d'Esserent 1,462
Villers-sous-Saint-Leu..................... 263
Ce qui donnerait pour le nouveau canton de Chantilly une population de.................... 12,097

Ces 4 dernières communes ne sont point éloignées de Chantilly et font partie de la région agricole qui apporte ses produits dans cette ville.

Il resterait au canton de Creil 15,365 habitants, composant 9 communes, savoir ;

	Habitants.
Cramoisy	516
Creil...................	5,737
Maysel.................	150
Mello...................	540
Montataire	5,105
Nogent-les-Vierges.......	1,571
Saint-Vaast.............	891
Tiverny	275
Villers-Saint-Paul.......	580
TOTAL...	15,365

II.

MANIFESTATION DES MAIRES DE SIX COMMUNES EN FAVEUR DU CANTON DE CHANTILLY.

A Messieurs les Membres du Conseil général de l'Oise, les Maires des communes d'Apremont, Coye, Gouvieux, La Morlaye et Saint-Maximin.

MESSIEURS,

Les communes que nous avons l'honneur de représenter, comme maires, ont déjà formé avec Chantilly, un canton qui avait cette dernière ville pour chef-lieu.

Ce canton n'a pas été supprimé sans de vives protestations de la part de nos prédécesseurs.

Depuis lors la population de nos communes s'est beaucoup accrue. Elle présente aujourd'hui avec celle de Chantilly un ensemble de plus de 9,000 âmes. Le commerce et l'industrie s'y sont aussi développés d'une manière progressive.

Il est donc permis de penser que le vœu, si souvent

émis, au nom de ces communes, pour le rétablissement du canton de Chantilly, aurait déjà été écouté, si elles avaient eu au sein du Conseil général de l'Oise un interprète spécial.

Mais la composition du canton de Creil rend dominante et exclusive UNE ZONE PLUS PEUPLÉE, SANS AVOIR DES INTÉRÊTS PRÉPONDÉRANTS, et il en résulte que nos localités restent, en définitive, sans représentation véritable.

Pareille situation s'était produite dans deux autres cantons et le Gouvernement républicain y a mis fin.

Ainsi, par une loi du 25 mars 1874, la circonscription cantonale de Mont-Saint-Vincent (Saône-et-Loire), qui comprenait 21,074 habitants, a été partagée en deux cantons, et par une autre loi du 22 juillet 1872, présentée par l'honorable M. Dufaure, ministre de la Justice, la circonscription cantonale de Pont-l'Évêque (Calvados), renfermant seulement 17,311 habitants, a été également divisée en deux cantons.

Nous croyons avoir le droit d'invoquer ces deux précédents, puisqu'ils se sont passés sous le gouvernement de la République.

La malveillance a pu insinuer, pour écarter des adhésions, qu'il y avait une pensée de réaction politique dans la proposition du rétablissement du canton de Chantilly.

Nous protestons énergiquement contre ces insinuations. Les seuls et vrais motifs de cette proposition sont énoncés dans les délibérations et les autres documents adressés à M. le Préfet de l'Oise, qui vous seront soumis.

Vous les apprécierez, Messieurs, nous en sommes convaincus, dégagés de l'esprit de parti, en vous plaçant dans la région sereine du principe de la justice.

L'obligation, résultant de la loi, d'avoir au moins deux notaires dans un canton, nous a amenés à demander l'adjonction de quatre communes, particulièrement de celle de Précy, résidence d'un notaire et peu importante par sa population et son commerce. Cette commune se rattache à Chantilly par des relations anciennes ; le notaire et l'huissier de cette localité ont toujours été obligés d'y venir pour l'enregistrement de leurs actes.

Au reste, Précy et les trois autres communes, dont l'adjonction est demandée au canton de Chantilly, sont moins éloignés de cette ville que ne le sont de Creil les communes de Coye, La Morlaye et Gouvieux qui présentent comparativement et ensemble des chiffres supérieurs de population et de trafic commercial.

Nous pensons, avec le conseil municipal de Chantilly, poursuivre une revendication autorisée par la nécessité et fondée sur l'équité et le droit.

Enfin, nous ferons observer que pour repousser notre demande, il faudrait, il nous semble, méconnaître l'esprit de la loi sur les justices de paix du 8 pluviôse an IX, qui dispose que la circonscription d'un canton ne pourra embrasser plus de 15,000 habitants. Or, le canton de Creil comptera bientôt 30,000 habitants.

Nous avons l'honneur, Messieurs, de vous offrir l'expression de nos sentiments les plus distingués.

3 juin 1878.

Ont signé :

MM. Masson, Maire de Gouvieux,
Sencier, Maire de La Morlaye,
Graux, Maire de Coye,
Feuillette, Maire de Saint-Maximin,
Gallé, Maire d'Apremont.

Enfin, M. Aaron, maire de Chantilly, s'est uni à ses cinq collègues, dans cette manifestation qu'il a également signée.

III.

**PÉTITION ADRESSÉE AU DUC D'AUMALE
PAR UN GRAND NOMBRE D'HABITANTS DE CHANTILLY
DE TOUTES CLASSES.**

Monseigneur,

La ville de Chantilly, ainsi que cinq communes voisines, sont en instance auprès du Conseil général de l'Oise, par l'organe de leurs représentants légaux, pour le rétablissement du canton de Chantilly.

Ces diverses communes sont liées entr'elles par des relations suivies et par les soins et secours que leurs vieillards et les indigents reçoivent de l'hospice Condé. Elles forment comme une famille qu'entoure et protége votre généreuse sollicitude.

Veuillez nous permettre d'espérer, Monseigneur, que cette sollicitude, quoi qu'en pensent les partis politiques, se manifestera également pour la formation, si désirable, du canton de Chantilly.

Notre ville et les communes voisines seront très

reconnaissantes de vos efforts et du succès qu'elles devraient à votre légitime influence et à l'esprit de justice qui domine au Conseil général que vous présidez.

Les instituteurs de ces communes et particulièrement les frères qui donnent l'instruction à Chantilly s'associent à la prière que nous venons vous adresser, car l'éloignement du chef-lieu du canton les oblige, eux et les familles de leurs meilleurs élèves, à des frais relativement considérables, à cause des déplacements nombreux rendus nécessaires pour les concours et les conférences.

Daignez, Monseigneur, agréer l'assurance de toute notre reconnaissance et l'expression de notre profond respect.

Août 1878.

Suivent de nombreuses signatures.

IV.

RÉSOLUTION DU CONSEIL GÉNÉRAL ET OBSERVATIONS SUR CE POINT.

Séance de ce Conseil du 21 août 1878. Présidence de M. LEVAVASSEUR, *vice-président.— Rapport fait par* M. *le colonel* SAGET.

DIVISION DU CANTON DE CREIL.

Sur les 19 communes qui constituent le canton de Creil avec une population de 28,000 habitants, quatre (Chantilly, Coye, La Morlaye et Saint-Maximin) demandent à se séparer et à former un canton; une autre, Apremont, ne se prononce pas aussi nettement. Cependant, sa situation, ainsi que celle de Gouvieux, permettrait leur réunion à ce groupe qui représenterait alors une population d'environ 9,000 habitants.

Quatre communes, Blincourt, Précy, Saint-Leu et Villers-sous-Saint-Leu, pourraient encore être séparées du canton de Creil, mais leurs conseils municipaux se sont montrés opposés à cette mesure.

L'adjonction de ces quatre dernières communes répartirait plus également la population dans les deux groupes (Creil : 16,000, Chantilly : 12,000) et donnerait à celui de Chantilly le deuxième notaire, qui devrait y résider ; enfin elle rentrerait dans l'esprit de la loi du 8 pluviôse an IX, qui attribue à chaque justice de paix une population de 10 à 15,000 habitants.

Ces raisons ont été jugées par M. le Ministre de l'Intérieur assez sérieuses pour le déterminer à autoriser, cette année, l'instruction régulière de cette question qui avait été refusée en 1873.

Cependant votre 3e Commission, en présence d'un avis défavorable, émis par le Conseil d'arrondissement, et considérant principalement la résistance opposée par 13 communes sur 19 à la séparation demandée, ainsi que le grave préjudice, sans aucune compensation, que l'on causerait aux officiers ministériels, si l'on admettait cette division, a l'honneur de vous proposer de maintenir les choses en l'état actuel.

Les conclusions de ce rapport, mises aux voix, ont été adoptées.

A l'occasion de cette décision du Conseil général, prise en l'absence de l'éminent personnage qui en est le président, l'esprit de parti s'est livré, dans la presse, à des suppositions et à des attaques qu'il serait peu bienséant de reproduire, même pour les combattre.

Sur la décision en elle-même, nous nous permettrons quelques réflexions :

Deux circonstances ont été invoquées contre la division du canton de Creil par l'honorable colonel Saget dans son rapport : Le préjudice qu'en éprouveraient les notaires et le petit nombre des communes paraissant la désirer, ce qui a été aussi le fondement de l'avis négatif du Conseil d'arrondissement.

Sur le premier point, il y a erreur complète. Évidemment, il ne pourrait y avoir de préjudice grave, que s'il s'agissait de créer une nouvelle étude de notaire, ce qui n'est pas nécessaire, et en autorisant le notaire de Précy à transférer son étude à Saint-Leu, si bon lui semble, il ne résultera, de la division du canton, aucun dommage pour les officiers ministériels. Nous croyons même, par suite d'expérience personnelle, qu'en laissant chaque notaire dans sa localité actuelle, aucun n'éprouvera de préjudice sérieux; car les affaires pour lesquelles les parties ne pourraient se prêter à un déplacement exigé pour se trouver dans le ressort de leur notaire, sont excessivement rares et, dans ces cas exceptionnels, le notaire se fait substituer par un confrère. D'ailleurs, on pourrait, sur ce point, s'en rapporter à l'examen impartial de la chancellerie.

Et sur le second point, nous répondrons que l'on a déjà justifié par des documents incontestables que six communes, représentant plus de 9,000 habitants, ont donné leur assentiment à la formation du canton de Chantilly et non quatre seulement, comme l'a dit à tort le Conseil d'arrondissement, tandis que les autres communes appelées à faire partie de ce canton et qui, sous une pression politique, ont exprimé un avis contraire, loin de représenter la majorité dans le nouveau canton, ne formeraient même pas le quart des habitants. C'est donc une faible minorité qui voudrait ici imposer ses prétentions.

On doit croire que le Conseil d'arrondissement se serait prononcé différemment s'il avait eu alors la preuve de l'assentiment de 6 communes importantes.

Enfin, si l'on examine les motifs de refus donnés par 13 communes sur 19, on voit qu'ils n'ont rien de sérieux et qu'ils n'expriment qu'un sentiment d'indifférence et un désir banal de *statu quo*. Il est même inexplicable que les solliciteurs d'un bureau d'enregistrement en faveur de Creil ne se soient pas aperçus qu'ils verraient leur vœu accompli par la division du canton, puisqu'alors, nécessairement, ils en auraient un avec une justice de paix moins surchargée d'affaires.

Il y a eu une fatalité bien fâcheuse dans la circonstance d'un décès qui a empêché Monseigneur le duc d'Aumale d'assister à la séance ci-dessus rappelée du Conseil général. Présent, il eût indubitablement, si le moment lui avait paru opportun, voulu donner à la ville de Chantilly un témoignage de sa haute sympathie.

L'occasion d'ailleurs se représentera.

V.

CONCLUSION.

Nous croyons à la convenance, à la nécessité et surtout à la justice du rétablissement du canton de Chantilly.

Il y a, il nous semble, peu de cantons dont la division soit plus désirable que celle de la circonscription de Creil et qui soit commandée par des motifs plus nombreux et plus puissants que ceux qui ont été exposés.

Pour la grandeur et le respect des institutions qui nous régissent aujourd'hui, nous voudrions que la politique ne fût point dominante dans les questions où il s'agit surtout d'intérêts matériels et moraux.

S'il en était ainsi, si le détachement de toute influence politique pouvait être obtenu, la solution que nous souhaitons serait certaine et immédiate et nous croyons, sur ce point, pouvoir nous exprimer sans hésitation, en nous appuyant principalement sur l'adhésion empressée de beaucoup de personnes honorables de toutes les nuances politiques, mais d'une impartialité incontestable, et sur le rapport ministériel qui a reconnu sérieux les motifs de la demande du Conseil municipal de Chantilly.

La prédominance de la ville de Creil, secondée par Montataire, lui a donné en tout temps et lui assure surtout aujourd'hui des défenseurs spéciaux voués à la politique, aux intérêts et à l'influence exclusive d'une agglomération de population, sans égard à celle, non moins digne d'intérêt, dont Chantilly est le centre et le point de rayonnement.

Il n'est ignoré de personne que cette influence, par suite de relations politiques qui se prêtent un mutuel appui, s'exerce également en dehors de la circonscription cantonale.

Il y a donc là une grande difficulté à surmonter.

Mais le pouvoir suprême, en demandant des avis, attend aussi des raisons sérieuses et précises, sinon il peut passer outre.

Nous espérons qu'il en sera ainsi.

VI.

DERNIÈRES RÉFLEXIONS.

Habitué au style sévère et précis des affaires, nous regrettons de n'avoir pu employer une forme littéraire, offrant une lecture plus agréable et plus variée ; mais nous nous sommes attaché à l'exactitude et à la modération en parlant avec quelques détails des personnages les plus marquants.

Quant à la thèse du canton à créer, nous croyons en avoir préparé la solution prochaine.

Nous répéterons ici, avec le sentiment de la gratitude la plus sincère, que nous avons été fortifié dans nos idées par l'adhésion qu'elles ont reçue de plusieurs membres notables de la société du Jockey-Club, qui ont bien voulu signer une pétition collective avec les habitants de Chantilly.

Cette société, en contribuant puissamment au développement de l'industrie chevaline, a le droit de dire qu'elle rend un immense service à l'État et au pays en général et qu'elle est, en même temps, la bienfaitrice de Chantilly et des communes voisines.

Nous devons donc souhaiter que des garanties de durée et d'extension lui soient assurées à Chantilly par la sage prévoyance du prince.

Les chasses sont sans doute une noble distraction, mais pour la cité elles sont de médiocre importance, tandis que l'industrie chevaline y maintient une intéressante et nombreuse colonie anglaise.

La disparition de l'une et de l'autre marquerait le déclin de la prospérité de Chantilly et l'abaissement immédiat du chiffre de sa population.

Et si, au moins, cette charmante ville devenait chef-lieu de canton, elle conserverait, en toute éventualité, un courant stable et régulier d'affaires et de relations, assurant au moyen commerce et aux modestes industries, l'activité et la vie entre la *seigneurie et l'assistance*.

HIPPOLYTE LECERF.

FIN.

SUPPLÉMENT

PRÉFACE

Le livre que nous avons publié, en mars 1879, sur Chantilly et les Courses avait pour but, à côté de détails historiques :

1° De présenter quelques arguments en faveur du rétablissement de l'ancien canton de Chantilly ;

2° Et de démontrer l'urgence de mesures concernant l'Hippodrome de cette ville.

Le premier point reste à l'étude ; le second est en voie d'exécution.

Nous avons eu, à cet égard, la modeste satisfaction d'avoir un peu devancé la discussion d'importants changements qui étaient dès lors résolus dans l'esprit éminemment bienveillant du Prince.

C'est donc à son initiative propre et spontanée que la ville de Chantilly devra ces changements qui assurent sa prospérité pour de longues années.

Il est rationnel de penser que le développement de cette prospérité préparera la solution de la question cantonale.

Aussi sommes-nous heureux de pouvoir nous faire ici l'interprète de la reconnaissance due, sur ces deux points, à monseigneur le duc d'Aumale.

Maintenant, nous allons ajouter à notre livre sur Chantilly quelques nouveaux détails pour le rendre plus digne du bon accueil qu'il a déjà reçu.

Hippolyte LECERF.

Chantilly, avril 1880.

CHANTILLY
SON CHATEAU
ET
SES INDUSTRIES DIVERSES

I

LA PAROISSE ET LE CHATEAU

La paroisse.

La paroisse de Chantilly, ainsi que nous l'avons précédemment établi, ne fut créée qu'en 1692, et le château qui lui donna son nom cessa dès lors d'appartenir à celle de Saint-Léonard, qui en était fort éloignée.

Le grand Condé (Louis II de Bourbon) avait cessé de vivre en 1686, mais on doit le regarder comme le fondateur de cette paroisse, par les immenses travaux et les concessions de terrains qu'il fit pour attirer la population.

Prévoyant tout, il assigna un emplacement sur lequel serait construite l'église paroissiale, et il légua une somme de 150,000 livres pour cette construction.

Son fils, Henri-Jules de Bourbon, la fit édifier de 1688 à 1692. Elle a été plus tard agrandie sous le duc Louis-Henri de Bourbon, arrière-petit-fils du grand Condé. Elle fut consacrée sous le vocable de l'Assomption.

Louis III de Bourbon, fils de Henri-Jules, a survécu à celui-ci seulement quelques mois; il ne put donc, dans cette courte phase de sa possession du domaine de Chantilly, y créer rien de particulier.

La nouvelle paroisse se composait à son origine, en dehors du château, d'un très petit nombre d'habitations se trouvant près de l'entrée actuelle de la ville où est la porte Saint-Denis, qui est toujours restée inachevée; de l'hôtel de Beauvais en face de l'église; de quelques maisons sur la place du Marché; de l'hôtel Quincampoix et divers bâtiments à côté de l'ancienne faisanderie; d'une propriété, en partie bâtie, appelée Normandie, et ensuite du hameau des Petites-Fontaines et de celui des Grandes-Fontaines, non loin de l'hospice actuel, et formant le quartier désigné aujourd'hui sous le nom de *la Canardière*.

C'est encore le grand Condé qui créa, en 1680, la machine qui amène l'eau dans la ville. Il fit aussi établir, vers la même époque, les réservoirs de la pelouse, qui servaient alors à alimenter les grandes cascades se trouvant près du canal Saint-Jean et qui ont été détruites.

Il agrandit considérablement cette pelouse et fit clore de murs, vers 1663, le grand parc du château, appelé improprement le parc d'Apremont.

Il acheta les marais communaux de Gouvieux et les autres terrains en prairie, traversés par le viaduc du chemin de fer.

Enfin il créa les parterres, ainsi que les superbes pièces d'eau qui ajoutent tant à la beauté du domaine de Chantilly.

Les concessions de terrains pour bâtir, commencées en 1674, furent importantes entre 1720 et 1789.

Le gouvernement révolutionnaire de 1793 en fit aussi, et il eut même l'intention de diviser la pelouse.

A la même époque de 1793, les parterres furent saccagés et détruits. Ils ont pu être rétablis presque dans leur état primitif, après la rentrée des Bourbons, en 1815. Cependant, la partie à gauche du château, que l'on appelait le Boulingrin, entre le grand canal, la route de Chantilly à Vineuil et le Jeu de Paume, a été formée alors en jardin anglais; le surplus est resté en jardin français, tel qu'il avait été créé sous la direction de Le Nôtre. Quelques parties ont encore été modifiées récemment, et l'on ne peut que louer la grâce et le goût remarquables de ces nouvelles transformations.

L'ancien château.

A l'égard de l'ancien château, vendu et démoli après 1793, nous dirons seulement quelques mots indispensables pour compléter nos précédentes explications.

On cite Rothold de Senlis, seigneur d'Ermenonville, qui vivait au X° siècle, sous Hugues Capet, comme l'un des premiers propriétaires de ce manoir. Il passa à ses descendants, qui furent, pendant plusieurs générations, bouteillers de France et non de Senlis. Ces seigneurs portèrent d'abord le nom de la Tour, à cause d'une ancienne tour ou château qu'ils possédaient dans la ville même de Senlis; ils changèrent ensuite leur nom en celui de Bouteiller de Senlis, et lorsqu'ils prirent des armoiries, leur écusson porta trois coupes pour marquer les hautes fonctions qu'ils remplissaient près des rois de France.

La seigneurie de Chantilly appartint après eux aux familles nobles d'Erquery, de Clermont et de Laval, puis aux d'Orgemont.

Guillaume III le Bouteiller avait, en 1333, ajouté au château féodal, avec l'autorisation du roi Philippe VI de Valois, une chapelle qu'il fit élever dans la cour à côté de l'une des tours.

Mais ce château ayant beaucoup souffert, de 1358 à 1360, sous le roi Jean, pendant la déplorable époque appelée la *Jacquerie* et ensuite pendant la longue guerre avec les Anglais, sous ce roi et ses successeurs, il dut être rétabli presque complètement.

Pierre Ier d'Orgemont, chancelier de France, qui avait acheté la seigneurie de Chantilly de Guy de Laval, en 1386, commença cette reconstruction, achevée seulement en 1393 par Amaury d'Orgemont, son fils aîné.

Le château passa après celui-ci à Pierre II d'Orgemont, son fils, qui fut tué à la bataille d'Azincourt en 1415. Sa veuve Jacqueline Paynel, qui en avait la jouissance, épousa en secondes noces Jean de Fayel, vicomte de Breteuil, du parti des Armagnacs.

Le château eut alors à subir des attaques, mais

Jean de Fayel étant mort en 1421, il n'y eut plus de lutte, et Pierre III d'Orgemont, fils de Pierre II, en prit possession.

Il passa ensuite dans la maison de Montmorency, puis dans celle de Condé.

Le château conserva son aspect ancien et féodal jusqu'à la reconstruction qu'en fit le duc Louis-Henri de Bourbon, en 1718, dans un style analogue à celui de la grande construction des écuries.

A ces constructions on employa des pierres extraites de carrières se trouvant sous la pelouse.

Le châtelet féodal a été aussi détruit vers 1540, et c'est sur son emplacement que fut élevé, quelques années plus tard, le châtelet actuel que l'on appela la *Capitainerie*.

Le connétable Anne de Montmorency le fit édifier dans le style de la Renaissance, sous la direction de Jean Bullant.

Cet habile architecte, mort le 10 octobre 1578, dirigea également, pour le connétable de Montmorency, la construction du château d'Écouen; de plus, il fut l'un des architectes du palais des Tuileries.

A ces titres, et comme étant né à Paris, sa statue doit être placée sur la façade du nouvel Hôtel de Ville.

Achèvement du château, son aspect extérieur.

Le nouveau château étant entièrement terminé à l'extérieur, on peut maintenant le juger sous ses divers aspects.

Le petit château d'Anne de Montmorency en commandait en quelque sorte le degré d'élévation si on voulait conserver à ce châtelet une perspective convenable ; et cela admis, nous dirons d'abord que le caractère architectural du grand château nous paraît très remarquable et que du côté des parterres il satisfait parfaitement aux conditions artistiques de proportion et de goût. Mais pour les autres aspects, il conviendrait, avant de se prononcer, de se rendre compte des difficultés vaincues par l'architecte, sous l'éminente inspiration du Prince, en considérant qu'une première loi de la nouvelle construction était le respect de la tradition qui imposait le relèvement de tours et de fondations en contre-bas d'une terrasse et un emplacement circonscrit, de forme irrégulière, avec la conservation du châtelet, œuvre de Jean Bullant, si appréciée des véritables connaisseurs.

D'après ces données, il nous semble qu'il faut louer la conception et l'exécution de la nouvelle construction dans presque toutes ses parties.

La chapelle sera l'objet d'une admiration unanime. Elle se détache heureusement et produit le meilleur effet. Vue de l'extrémité de la pelouse vers la belle grille d'entrée, le coup d'œil est ravissant.

Mais après avoir trouvé le nouveau château si admirable sous plusieurs aspects et surtout du côté des parterres, nous sommes obligé de constater que le regard n'est pas aussi satisfait quand on l'examine, placé sur la pelouse ou sur la terrasse du Connétable.

Toutefois il faut reconnaître que l'habile architecte, M. Daumet, est parvenu à surmonter la grave difficulté de relier et d'harmoniser les deux châteaux et que si le nouveau avait été plus élevé, il aurait nui évidemment à la perspective du châtelet, et, de plus, privé d'air et de lumière la cour étroite et irrégulière du grand château.

D'ailleurs la jolie tourelle placée à la jonction des deux châteaux a modifié favorablement l'aspect des toits du côté de la pelouse.

La silhouette de ces châteaux donne une idée, quoique imparfaite, du vieux manoir décrit par Androuet du Cerceau.

Ils sont complètement entourés d'eau, avec entrée de ponts-levis, pour le château principal, du côté de la place du Connétable, et pour le châtelet, au-dessous de cette place. De plus le châtelet a une entrée du côté des parterres par le pont de la *Volière*, qui se divise et forme pont tournant à l'arrivée du jardin.

Les tours relevées se trouvent l'une à l'ouest, appelée la *Tour du Trésor* ou des *Médailles;* une autre au nord, dite la *Tour Médiane* ou du *Musée*, et une troisième à l'est appelée la *Tour du Connétable*. Une quatrième tour a été reconstruite seulement en partie et se trouve vers le midi. Elle forme un dôme derrière la chapelle et renfermera les cœurs des Condé. Ce lieu prendra le nom de *Chapelle des Condé*.

On a encore élevé à l'angle nord-ouest du châtelet la charmante tour en pierre que nous avons déjà indiquée plus haut, qui est ornée avec beaucoup de goût et relie le petit château au grand. Elle porte le nom de *Tour de la Volière* (1).

La chapelle du nouveau château est sous le vocable de Saint-Louis dont la statue en bronze, — œuvre distinguée de M. Marqueste, — est placée au sommet du fronton de cette chapelle.

Saint Louis est représenté tenant la couronne d'épines de Notre-Seigneur et revêtu d'un manteau

---

(1) Dans le jardin des Tuileries, avant sa transformation par Le Nôtre, il y avait, sous Louis XIII, à peu près à la hauteur du pont actuel de Solférino, un bâtiment que l'on appelait aussi la *Volière*.

semé de fleurs de lis. Les variations du ciel donnent à la silhouette de ce beau bronze des aspects très intéressants à observer.

Deux tourelles élégantes s'élèvent de chaque côté de la façade de la chapelle et accompagnent le fronton. A l'opposé se trouvent deux gracieux pinacles à colonnes et arcades. Une balustrade existe à la naissance des toitures et l'entoure. Le dôme de la chapelle des Condé est surmonté d'un lanternon en pierre terminé par une croix.

C'est dans la première chapelle que sera placé le remarquable autel qui ornait celle du château d'Écouen et qui est attribué à Jean Goujon. Les vitraux provenant de la même chapelle figureront dans les deux baies de la nouvelle. L'une de ces verrières représente saint Jean, le connétable Anne de Montmorency et ses fils ; l'autre, sainte Agathe, Madeleine de Savoie, femme du connétable, et ses filles. Ces verrières sont très appréciées. On en a attribué les cartons à Raphaël, mais de bons juges en doutent, tout en reconnaissant la beauté de cette œuvre.

On remarque au fronton de la chapelle le blason de la maison d'Orléans, surmonté de la couronne ducale qui est soutenue par deux anges. Ce blason est dit : de France ou d'azur à trois fleurs de lis d'or au lambel de trois pendants d'argent en chef.

Dans d'autres parties du château on voit l'écusson des Condé qui est, suivant le langage héraldique : de France, c'est-à-dire d'azur à trois fleurs de lis d'or au bâton péri en bande de gueules.

On voit aussi dans le petit château l'écusson des Montmorency qui est : d'or à la croix de gueules, cantonné de seize alérions d'azur avec leur fière devise écrite en grec : Ἀπλανῶς, qui signifie : invariable.

Si, après la vue générale de la nouvelle construction, le regard se porte autour des châteaux, combien le panorama devient splendide et merveilleux ! Il n'est pas de coup d'œil plus magnifique et d'une plus suave grandeur. L'art gracieux et pittoresque des parcs anglais — introduit en France vers 1760 et propagé de nos jours avec tant de supériorité par M. Varé — s'unit à l'art régulier et majestueux de Le Nôtre. Des ondulations de gazon, rapprochées ou lointaines, sont séparées par de belles plantations. Au-dessous de la terrasse du *Connétable* et autour des châteaux se trouvent en corbeilles ou en plates-bandes les plantes et les fleurs les plus variées. Dix bassins de formes et de grandeurs différentes, séparés par des tapis de verdure, avec des bordures de fleurs, accompagnent gracieusement une belle et grande pièce d'eau appelée la *Manche*, qui est en communication avec le grand canal, au-dessus duquel est ce que l'on a appelé le *Vertugadin*, immense pelouse de forme symétrique, d'un effet charmant, bordée de plantations, arrivant en pente vers ce canal.

Au milieu, on aperçoit un groupe placé sur un piédestal ; ce groupe représente l'enlèvement de Proserpine par Pluton.

Les bassins qui sont de chaque côté de la pièce d'eau de la Manche sont appelés les *Miroirs de Vénus*.

Deux belles avenues garnies de platanes complètent et ferment le tableau.

Parallèlement à ces avenues coulent, d'une part, le canal des *Brochets* aux eaux limpides qu'il reçoit du canal des *Morfondus*, et de l'autre, le canal du *Pont Bruissant*.

Avant de descendre vers les *Miroirs de Vénus* se trouve le bassin de la *Gerbe* dont l'eau s'élève en jets nombreux, scintille et retombe en pluie fine et abondante ; et à côté est un bassin carré que l'on nomme la pièce d'eau des *Serruriers*.

A droite et à gauche de l'escalier monumental de la terrasse du *Connétable* existent les fontaines jaillissantes appelées les *Fleuves*, qui ne s'arrêtent ni jour ni nuit et dont le murmure peut être entendu du nouveau château. Contre la façade du mur de cette terrasse et de chaque côté de l'escalier se trouvent six belles colonnes toscanes accouplées et à bossages, entre lesquelles sont quatre niches garnies de statues et deux grottes où sont placés des groupes allégoriques qui semblent représenter des fleuves et des dauphins versant l'eau en flots abondants et qui retombe en nappes ; l'eau s'élève aussi par six jets en minces filets. Ces eaux viennent d'une source appelée la fontaine de l'*Hôtel-Dieu des Marais*, située au delà de Saint-Léonard, près de Senlis, appartenant au domaine de Chantilly. Elles s'écoulent à partir de Saint-Léonard jusqu'au château par un aqueduc souterrain et elles se perdent ensuite dans les fossés qui entourent les châteaux et dans le bassin des Serruriers.

Les statues se trouvant dans les deux renfoncements de la terrasse sont, d'un côté, celles d'Alphée et d'Aréthuse, représentant deux fleuves dont les eaux se réunissent, et de l'autre celles d'Acis, jouant de la flûte, et de Galatée qui l'écoute. Ce dernier sujet forme l'un des groupes de la fontaine de Médicis au Luxembourg où il est traité différemment et avec plus d'art.

Des cascades et jets d'eau existent encore à côté du Jeu de Paume et forment les bassins de Beauvais, nommés autrefois les Petites Cascades.

Grâce à la force d'impulsion donnée par les nouveaux réservoirs établis dans une partie élevée des grandes écuries, les eaux peuvent jaillir avec une puissance d'action qu'elles n'avaient point, au même degré, au temps où elles faisaient déjà l'admiration de Bossuet. Le trop-plein de ces réservoirs sert à alimenter notamment le bassin de la Gerbe dont nous avons parlé plus haut.

Nous croyons, pour satisfaire le lecteur, devoir ajouter aux renseignements contenus dans notre livre sur Chantilly, quelques explications rectificatives et complémentaires.

Le bassin qui forme la tête du grand canal a près de 120 mètres de diamètre et non 20 mètres.

La galerie en bois sculpté placée dans la cour du châtelet ne provient pas du château d'Écouen, mais rappelle en partie celle de ce château. Elle fut construite vers 1847, sous la direction de M. Duban, architecte du Gouvernement d'alors.

Le châtelet n'a pas de porche du côté du jardin de la Volière, mais un beau et large perron de six marches qui a été fait en 1864, et un autre petit perron nouveau circulaire, également de six marches, à sa jonction avec le grand château. Ce dernier perron donne accès au salon du roi et dans la tour de la Volière.

La statue équestre du connétable Anne de Montmorency doit être rétablie sur la terrasse devant l'entrée du grand château. Elle a été commandée à l'un de nos plus habiles sculpteurs, M. Paul Dubois.

On verra dans les parterres, à côté de la statue du grand Condé, celles de Bossuet, de La Bruyère de Molière et de Le Nôtre, qui doivent être exécutées par des artistes en renom, savoir : la statue de Bossuet par M. Guillaume, celle de La Bruyère par M. Thomas, et celles de Molière et de Le Nôtre par M. Noël.

Le hameau, qui est composé de quelques maisonnettes rustiques dans le goût du Petit-Trianon de Versailles, a reçu aussi de notables améliorations. On y pénètre par un pont qui traverse le canal des Morfondus en face duquel est celui des *Druides* et non des *Truites*. Ce hameau fut formé vers 1780 par le père du dernier Condé. C'est le même prince qui a fait édifier le château d'Enghien, lequel a 36 fenêtres ou portes vitrées de face sur 4 de côté au rez-de-chaussée et à l'étage supérieur.

Le parc de Sylvie qui se trouve derrière ce château, après l'étang de Sylvie et la fontaine de ce nom, célébrée par le poète Théophile, a été créé par le prince Henri-Jules de Bourbon, fils du grand Condé. La sente d'Avilly le divise en deux parties. Celle à droite de cette sente prend le nom de bois de Sylvie et renferme un curieux labyrinthe.

Mgr le duc d'Aumale ne néglige aucune dépendance de son beau domaine et ce parc de Sylvie qui, avant lui, avait été dévasté par le gibier, offre aujourd'hui les plus ravissantes promenades dans ses deux parties.

L'intérieur du grand château ne pourra être bien décrit que par une plume exercée et artistique. Il contiendra un musée composé de belles et rares collections, de nombreux tableaux et d'objets d'art de toute nature. Parmi les tableaux destinés à en faire partie, nous pouvons, dès à présent, citer la *Vierge d'Orléans* par Raphaël, toile qui appartient aux princes d'Orléans depuis plusieurs siècles, arrivée en la possession de M. Delessert, mais rachetée par M*gr* le duc d'Aumale; *le Songe de Vénus*, par Annibal Carrache; *le Massacre des Innocents; Thésée retrouvant les armes de son père*, par Poussin; *Un Corps de garde, Souvenirs d'Orient*, par Decamps; *l'Assassinat du duc de Guise* au château de Blois en 1588, par Paul Delaroche; *Stratonice, Françoise de Rimini*, par Ingres.

Nous citerons encore deux portraits de Van-Dyck, les portraits des cardinaux Mazarin et de Richelieu, par Philippe de Champagne, une collection de 42 portraits des princes et princesses de la branche royale de Bourbon et de la branche de Condé, exécutés par Nicolas Fragonard, d'après des portraits originaux. Beaucoup de marbres et de bronzes, entre autres *Jeanne d'Arc* (1), par la princesse Marie d'Orléans, duchesse de Wurtemberg; *une Bayadère*, par Pradier; des émaux, des manuscrits avec miniatures, qui comprennent les *Heures du duc de Berry*, de la fin du XIVe siècle; des livres rares et quantité d'autres objets curieux, parmi lesquels se trouve une table singulière faite d'un seul cep de vigne, provenant du château d'Écouen et qui porte la devise d'Anne de Montmorency : DIEU ET MON GRAND SERVICE.

L'ameublement du petit château est d'un goût parfait. Il renferme les tableaux où sont représentés les glorieux exploits du grand Condé.

Nous n'avons point de penchant pour la flatterie. Le sentiment qui nous guide est celui d'une juste et équitable appréciation sans but politique.

C'est donc à la suite d'un examen consciencieux et raisonné avec des personnes compétentes que nous disons que Mgr le duc d'Aumale a rétabli très heureusement et avec une remarquable distinction architecturale le château de Chantilly, en conser-

---

(1) Chef-d'œuvre d'une princesse qui, au prestige du sang royal, joignait celui du génie — expressions dont s'est servi, dans son discours de réception à l'Académie française, M. le duc d'Audiffret-Pasquier, en parlant de la même statue qui se trouve dans les galeries de Versailles.

vant sa situation traditionnelle. Nous croyons pouvoir dire encore qu'après le grand Condé aucun prince n'aura, autant que lui, contribué à l'attrait et à l'agrément du séjour de la ville de Chantilly.

Le temps n'est plus aux brillantes et somptueuses réceptions, royales et princières, dans cette belle résidence. Il ne conviendrait pas d'examiner si, un jour, elles se renouvelleront. Mais revenant au passé, pour compléter notre notice, nous mentionnerons que Charles-Quint, Charles IX et Henri IV y furent les hôtes des Montmorency; qu'en 1671 le grand Condé y donna en l'honneur de Louis XIV des fêtes splendides. On fit même à cette occasion une chasse au cerf, aux flambeaux et au clair de lune. « Les lanternes firent des merveilles, » dit Mme de Sévigné. Mais ces fêtes qu'elle a racontées dans une lettre célèbre furent attristées par le suicide de Vatel, maître d'hôtel du prince, suicide causé, on l'a supposé, par le retard de la marée.

Louis XV, le czar Paul Ier et bien d'autres souverains ont été reçus magnifiquement à Chantilly. L'empereur Alexandre y séjourna en 1814. Les personnages les plus illustres et les hommes les plus distingués dans la politique, dans les lettres et dans les arts y ont paru tour à tour.

Le prince actuel, après avoir servi avec dévouement son pays, est venu s'y fixer et consacre aujourd'hui ses loisirs à l'achèvement de l'histoire des Condé et aux travaux de l'Académie, ainsi qu'à l'embellissement de son domaine et à des réceptions sans aucun caractère politique.

Le césarévitch de Russie, la princesse Dagmar, son épouse, fille du roi de Danemarck, et le grand-duc Wladimir sont venus en octobre 1879 visiter Chantilly et ils ont pu assister dans la superbe construction des écuries, non pas à un somptueux festin comme leur aïeul le czar Paul Ier, mais à l'hallali ou la curée d'un cerf chassé et pris dans la forêt de Chantilly.

Réflexions sur le dernier prince de Condé.

Le duc de Bourbon, Louis-Henri-Joseph, qui institua Mgr le duc d'Aumale son légataire universel, avait beaucoup agrandi son domaine, mais en vue exclusivement de la chasse dont la passion le dominait, et sans y réaliser de notables améliorations.

Toutefois la mémoire de ce prince nous inspire le respect, bien que sa carrière n'ait point été illustrée par des actions d'éclat, comme celle de plusieurs de ses aïeux, mais elle a eu les phases les plus pénibles:

la douleur poignante d'un long exil, l'injuste condamnation à mort et l'odieuse exécution de son fils unique, le duc d'Enghien ; enfin sous le coup de l'émotion causée par une révolution, la vie du duc de Bourbon s'est achevée d'une manière tragique, volontaire suivant la justice.

Il faut, nous le répéterons ici, se garder de voir toute la vérité sur cette mort dans les écrits politiques de 1830 et dans les récits des historiens qui les ont copiés. Les circonstances principales, judiciairement constatées, établissent :

« Que dans la matinée du 27 août 1830 le corps du
« malheureux prince fut trouvé suspendu à l'attache
« du haut de l'espagnolette de la fenêtre de sa
« chambre à coucher dans le château de Saint-Leu-
« Taverny, au moyen d'un mouchoir de toile passé
« dans un autre mouchoir formant anneau autour de
« son cou, et que les portes par lesquelles on pouvait
« pénétrer dans sa chambre étaient *fermées à l'intérieur par des verrous.* »

Il ne nous semble pas nécessaire de parler davantage de ce lugubre évènement, mais en pensant à l'état de sujétion dans lequel était demeuré le duc de Bourbon vis-à-vis de l'impérieuse baronne de Feuchères, on ne peut s'empêcher de trouver ridicule le poëte qui voulant louer ce prince, après lui avoir rappelé les vertus et les exploits de ses aïeux, terminait ainsi son Panégyrique :

Nos neveux à ces traits sauront vous reconnaître.
Nul Condé ne fut roi, mais tous dignes de l'être.

De pareils sentiments pouvaient être inspirés par une marquise de Prie, ou la baronne de Feuchères, ambitionnant une position plus éclatante près d'un souverain faible.

Après avoir blâmé cette licence poétique, nous ajouterons cependant que le duc de Bourbon, comme ses aïeux, ne manquait pas de courage, avant d'être affaissé par l'âge et le malheur, puisqu'il s'était battu en duel avec le comte d'Artois, devenu Charles X, à la suite d'une insulte faite à la princesse de Condé, au milieu d'un bal.

Il avait, en outre, servi dans l'armée organisée après 1789 par Louis-Joseph de Bourbon, son père, mort à Chantilly en 1818 et qui, dit-on, avait eu un œil crevé à l'armée.

Nous rappellerons que ce n'est pas le seul Bourbon qui ait été éborgné, puisque le duc Louis-Henri de Bourbon, ministre sous Louis XV et qui était l'aïeul du dernier Condé, avait aussi perdu un œil, en chassant dans la forêt de Marly, avec son parent le duc de Berry qui l'atteignit d'un grain de plomb, par suite d'un ricochet extraordinaire produit sur la glace.

Le dernier Condé n'avait eu qu'un fils, le malheureux duc d'Enghien (1), de son union avec la princesse Louise-Marie-Thérèse-Bathilde d'Orléans, décédée en 1822. Il avait une sœur, née à Chantilly le 5 octobre 1757, qui portait les noms de Louise-Adélaïde de Bourbon et qui avait manifesté de bonne heure des dispositions pour la vie austère du cloître. Elle est morte, le 10 mars 1824, supérieure du couvent du Temple à Paris. Cette princesse a laissé des écrits qui dénotent chez elle une grande sensibilité de cœur et une grande élévation d'esprit.

---

(1) Le sort cruel du duc d'Enghien a inspiré à M. de Lamartine des vers admirables.

Le poète se transporte, par la pensée, à Sainte-Hélène. Napoléon, sur le bord de la mer, semble lire dans chaque flot qui se déroule devant lui un souvenir de son glorieux passé. Un effroi soudain le frappe et le poète s'écrie :

« La gloire efface tout... tout, excepté le crime !
« Mais son doigt me montrait le corps d'une victime,
« Un jeune homme, un héros, d'un sang pur inondé ;
« Le flot qui l'apportait passait, passait sans cesse,
« Et toujours en passant, la vague vengeresse
    « Lui jetait le nom de Condé. »

II

INDUSTRIES ANCIENNES ET NOUVELLES DE CHANTILLY

Les usines de Richard Lenoir.

On ne saurait dire que la seigneurie de Chantilly ait été opposée au développement de l'industrie dans cette ville et que les eaux de la Nonette n'y furent jamais utilisées à ce point de vue.

Il existait, au contraire, avant l'émigration des Condé et le délaissement de leur domaine, des usines en activité, dont Richard Lenoir eut la possession sous le premier Empire et qu'il convertit en filature de coton et blanchisserie de la toile. Elles furent, dans ses mains, d'abord prospères, surtout à la faveur du blocus continental. Richard s'était procuré de grandes quantités de coton; il était même parvenu à en récolter en Italie. Mais deux circonstances vinrent arrêter sa prospérité : 1° les droits dont furent atteints les cotons d'Italie, comme toutes les marchandises étrangères; et 2° la réunion de la Hollande à la France. Cette réunion eut pour conséquence d'introduire dans le commerce français une immense quantité de marchandises anglaises qui passèrent par la Hollande.

A la suite de ces circonstances, Richard dut recourir à des emprunts. Le gouvernement impérial lui-même vint à son aide.

Ce grand et trop hardi industriel, qui était très attaché à l'Empire, dont il ne prévoyait pas la fin, qui devait amener la libre introduction du coton en France, continua de se livrer, d'une manière excessive, à la fabrication et au blanchissage de la toile, ainsi qu'à l'impression des étoffes ou de l'indienne.

Ses établissements étaient nombreux; il en avait fondé, sous la puissante protection de Napoléon Ier, à Paris, dans le faubourg Saint-Antoine, et dans plusieurs départements; ils furent tous atteints par la chute du gouvernement impérial et par la suppression du blocus continental; ce qui réduisit Richard Lenoir presque à la misère, après avoir acquis une brillante fortune, dont il fit, sous l'Empire, un patriotique usage.

A la suite de ses revers commerciaux, sa superbe habitation de Chantilly fut détruite.

Elle révélait, par ses colonnes et ses autres ornements extérieurs et intérieurs, la prospérité de ses entreprises, au moment où il l'édifiait, mais ayant été malheureusement élevée en partie sur un terrain dont la propriété dépendait du domaine princier de Chantilly, elle dut être démolie.

Il ne resta de ses constructions avec les bâtiments de l'usine qu'un porche magnifique, fermé par une grille, sur la route de Creil, et accompagné d'un petit logement de chaque côté. Sous ce porche, on remarque encore quatre colonnes ioniques et seize rosaces à la voûte. On avait en outre décoré et surmonté cette entrée des attributs du commerce et de l'industrie, représentés par un Mercure et par des fourmis et des abeilles sculptées.

Dans les divers établissements créés à Chantilly par Richard Lenoir, non seulement on filait et on tissait le coton, mais ensuite on blanchissait les étoffes et on les imprimait.

La prairie du canal Saint-Jean et celle à côté de la machine hydraulique servaient d'étendage.

Après sa ruine, ses propriétés furent rachetées ou reprises par le duc de Bourbon-Condé et louées pour y fonder de nouvelles industries. On vit successivement se former des fabriques de faïence ou de terre de pipe, d'impression d'étoffes, de porcelaine, d'aiguilles, de passementerie et de papier.

3.

Toutes ces industries ne paraissent pas avoir donné des résultats toujours satisfaisants, puisqu'il n'en subsiste plus aucune dans les bâtiments autrefois occupés par Richard Lenoir.

L'industrie céramique existait à Chantilly avant l'établissement d'une manufacture de coton. Elle y a été longtemps florissante.

Nous allons entrer, à ce sujet, dans quelques explications qui ont surtout un intérêt rétrospectif. Nous parlerons ensuite de la fabrication de la dentelle, autre industrie également disparue, après avoir créé, comme celle de la porcelaine, des œuvres admirées et recherchées en France et à l'étranger.

Si aucune industrie de haute importance n'a pu, dans le passé, se soutenir à Chantilly, il ne faut point, nous le répétons, en accuser la seigneurie, puisque l'on sait que le duc Louis-Henri de Bourbon fut, notamment avec Cirou, le fondateur de la manufacture de porcelaine, et que de plus il établit dans une portion des constructions, en sous-sol du grand château, une fabrique de toiles peintes qui ne lui a pas survécu.

La porcelaine.

On a fabriqué à Chantilly, jusque vers l'année 1804, une porcelaine tendre qui obtint, dans le monde des arts et dans le commerce, une vogue méritée qui subsiste encore aujourd'hui parmi les collectionneurs. On y fit ensuite avec beaucoup de succès de la porcelaine dure.

Dans son traité sur les arts céramiques, M. Brongniart, membre de l'Institut, qui resta pendant près d'un demi-siècle directeur de la manufacture de porcelaine de Sèvres, a fait le plus grand éloge de celle de Chantilly, en reconnaissant qu'elle avait apporté dans cette industrie de nombreux et réels progrès.

Néanmoins, l'une, soutenue par le gouvernement, fait maintenant l'admiration générale par ses belles collections et ses œuvres particulières, et l'autre, abandonnée aux seules ressources de ses propriétaires, a fini, par la force des choses et malgré d'intelligents efforts, par succomber.

La manufacture de Chantilly avait été fondée en vertu de lettres patentes du roi Louis XV, du 5 octobre 1735, accordées à Ciquaire Cirou qui, dès l'année 1725, s'appliquait déjà à fabriquer une porcelaine pareille à celle du Japon. La manufacture de Sèvres, ou plutôt celle de Vincennes, qui en a été le berceau, n'existait pas encore. Elle ne fut créée qu'en 1740 et marcha d'abord sous la direction des frères Dubois; elle fut transférée en 1756 à Sèvres. Elle avait reçu en 1753 le titre de *Manufacture royale de porcelaine de France.* Il en existait une autre à Saint-Cloud, d'origine antérieure à celle de Vincennes, et ayant Chicaneau pour directeur. La manufacture de Saint-Cloud remontait à l'année 1695. Une quatrième manufacture fut encore fondée à Sceaux, mais seulement en 1751.

Les frères Dubois, vrais nomades de la céramique, avaient quitté Saint-Cloud pour Chantilly. Après avoir travaillé quelques années dans cette dernière ville, ils allèrent se fixer à Vincennes.

La porcelaine faite à Chantilly sous leur direction

était un peu lourde ; on ne tarda pas à apporter plus de soins et d'intelligence dans cette fabrication, et l'on parvint, en peu d'années, à faire de la porcelaine remarquable par son élégance et sa perfection.

Les œuvres de Chantilly furent très appréciées des contemporains, et les princes eux-mêmes y commandaient les porcelaines destinées à leur service particulier et celles qu'ils voulaient offrir en cadeau à de grands personnages.

Mais de 1769 à 1770, une fabrication rivale prit naissance en France. On fabriqua dès lors à Sèvres de la porcelaine dure en même temps que de la porcelaine tendre. Les termes employés pour distinguer ces deux espèces de porcelaine n'expriment pas une idée nette et claire, puisque la porcelaine dure peut se briser aussi facilement que la tendre, mais celle-ci a reçu cette dénomination parce que, étant recouverte d'une glaçure fusible, elle cuit à une température notablement plus basse que la porcelaine dure, et elle est malheureusement rayable au fer, défaut que n'offre point l'émail feldspathique ou la couverte de la nouvelle porcelaine.

Cette nouvelle porcelaine, connue dès longtemps en Chine, était fabriquée en Saxe au commencement du XVIIIe siècle, et quelques années plus tard dans toute l'Allemagne.

Bernard Palissy avait, dans le XVIe siècle, élevé très haut l'art céramique en France. On admire toujours ses belles faïences. En Angleterre, Josiah Wedgwood fut aussi un potier resté célèbre. Mais l'honneur de la découverte de la véritable porcelaine revient à Böttger qui, en 1709, parvint à fabriquer à Meissen, en Saxe, une porcelaine dure pouvant lutter avec celles de la Chine et du Japon.

Le gouvernement saxon, malgré les mesures rigoureuses qu'il prit, ne put garder pour lui seul l'invention de Böttger, car des ouvriers transfuges, poussés par l'intérêt, répandirent bientôt en Allemagne les procédés de fabrication de la porcelaine.

En France, on en recherchait toujours la composition. Les éléments principaux, le kaolin et le feldspath semblaient manquer dans notre pays. C'est seulement vers 1765 que l'on parvint à en découvrir à Saint-Yrieix, près de Limoges. Cette découverte est due à une dame Darnet, qui signala à l'attention une argile onctueuse qui était le véritable kaolin.

La fabrication de la porcelaine dure prit, peu de temps après, un grand développement et amena une concurrence fatale pour la porcelaine tendre ou frittée qui se faisait à Chantilly, avec des matières dont la manipulation était, dit-on, défavorable à la santé des ouvriers, lesquels devinrent de plus en plus rares et exigeants, ce qui entraîna l'abandon définitif de ce genre de fabrication. L'humanité, d'ailleurs, en prescrivait la résolution. On se livra alors avec succès, à Chantilly, à la fabrication de la porcelaine dure.

Cette porcelaine a son type dans celles de Chine et du Japon. Nous avons indiqué ses éléments principaux, qui sont le kaolin et le feldspath, auxquels il faut ajouter la pegmatite, la craie et le sable.

La fabrication de la porcelaine tendre en diffère notablement. Sa pâte est formée d'une fritte, c'est-à-dire de matières agglomérées et confondues, puis mélangées avec de la marne et de la craie. Cette fritte est la réunion de diverses substances : sable, nitre, gypse, alun et sel marin. La glaçure est faite de sable, de minium, de soude et de potasse fondus, affinés et broyés,

Il entrait dans la porcelaine tendre de Chantilly une poudre de cailloux et d'os de mouton broyés et pulvérisés; ces éléments, travaillés et tournassés à sec, pouvaient être nuisibles à la santé des ouvriers, sans que l'on fit usage de matières arsenicales, comme on l'a cru à tort.

L'émail ou couverte était différent pour chaque sorte de porcelaine.

Pour la porcelaine tendre, l'émail et la composition de la pâte lui donnaient une teinte d'un blanc laiteux un peu jaunâtre. Le vieux Sèvres est d'un blanc plus pur.

La porcelaine tendre se prête à la peinture et au décor. Les couleurs s'y incorporent mieux que dans la porcelaine dure, et les effets de coloration y sont plus brillants et plus doux que dans cette dernière porcelaine.

Sur la porcelaine tendre étaient figurés des dessins polychromes empruntés aux décors chinois ou japonais ; des chasses reproduites d'après les créations d'Oudry, qui fut, sous Louis XV, directeur de la Manufacture de tapisseries de Beauvais ; des médaillons ou cartels d'oiseaux, insectes, dragons, écureuils, et toutes sortes de chimères ; des jetées de fleurs et des semés d'œillets et de bluets, etc.

On fabriquait également des pièces à fond de couleurs, telles que des assiettes en fond jaune ou bleu, avec des fleurs et autres décors.

Quelques pièces étaient à bord lobé, chantourné ou festonné, entourées de grains d'orge ou d'imitations de vannerie, avec des semés de fleurs.

Presque toutes les pièces du vieux Chantilly portent une marque de fabrique qui est un cor de chasse. Sur les plus remarquables et les plus anciennes, le cor de chasse est ordinairement tracé en rouge avec un soin minutieux. Sur les autres, il est figuré en bleu d'une manière moins soignée. On rencontre quelques pièces où le cor de chasse est tracé en vert, en violet ou en jaune, et d'autres où il y a seulement : *Chantilly*. Quelques-unes n'ont même aucune marque.

Certaines pièces de vieux Chantilly et de vieux Sèvres ont une telle analogie que l'œil exercé d'un connaisseur peut seul les distinguer. Mais cette difficulté ne se présente que lorsque la marque particulière de l'une ou l'autre fabrique n'existe pas, ce qui est bien rare.

La marque adoptée pour la porcelaine tendre fabriquée à Sèvres de 1753 à 1792 est un double L entrelacé avec une lettre alphabétique au centre. La lettre A indique 1753, B 1754, etc. La série des lettres recommence par AA 1777, BB 1778, etc. Il n'y a que la lettre J, se confondant avec I, qui n'ait pas été employée.

La porcelaine dure ou kaolinique de Chantilly avec émail feldspathique était presque toujours unie, c'est-à-dire sans décor ou seulement avec un filet or, ou bien un filet bleu ou vert. On en faisait aussi soit à barbeaux, soit guillochée. Cette porcelaine était remarquable par sa blancheur et sa finesse. On faisait également quelques porcelaines dures avec de gracieux dessins et de magnifiques dorures.

La porcelaine dure et la porcelaine tendre sont également translucides.

Dans le langage céramique, on donne le nom de biscuit à la pâte cuite sans émail que l'on emploie pour les statuettes et les objets décoratifs.

La nouvelle porcelaine dure de Chantilly fut, comme l'avait été la porcelaine tendre, très recherchée.

Pendant un grand nombre d'années, les établissements de cette ville fournirent au commerce des quantités considérables de porcelaines de luxe et d'utilité. On ne livrait que des pièces sans défaut et parfaitement réussies; aussi, sous la direction éclairée et vigilante de MM. Chalot et Bougon, l'art de la fabrication y atteignit un haut degré de perfection. Mais alors la concurrence surgit, la main-d'œuvre augmenta, ainsi que le prix des bois et des matières servant à faire la porcelaine. Le charbon de terre paraissait peu convenable, et d'ailleurs il était rare et cher à cette époque, les chemins de fer n'existant pas pour les approvisionnements. On l'emploie maintenant à Sèvres, mais les décors se cuisent au bois et au feu de moufle.

Des établissements rivaux s'étaient formés, notamment à Limoges et dans les environs de cette ville, d'où l'on tirait le kaolin et le feldspath. On fit, dans ces nouveaux établissements, de la porcelaine moins belle qu'à Chantilly, mais qui put être livrée à bon marché au commerce.

La lutte devint donc difficile, ou du moins onéreuse. On ne fit plus à Chantilly, à partir de 1844, de porcelaine usuelle, mais une porcelaine artistique ou de luxe. Enfin, la guerre de 1870 et les circonstances politiques y firent cesser définitivement toute fabrication de porcelaine.

Nous ajouterons qu'à la chute du grand canal, à l'ancienne usine de Richard Lenoir, il y eut longtemps un moulin où l'on broyait le caillou destiné à la fabrication de la porcelaine. La turbine qui faisait marcher ce moulin a servi aussi à une fabrique d'aiguilles, mais elle vient d'être supprimée.

La fabrication de la porcelaine dure est arrivée à son apogée sous MM. Chalot et Toussaint Bougon, qui firent travailler en même temps dans trois établissements : 1° à l'usine du Nord, ancienne filature de coton ; 2° dans un vaste bâtiment, rue de la Machine ou rue du Japon, ainsi nommée parce que là avait été le siége de la première manufacture fondée, en 1735, par Cirou, laquelle fut exploitée après celui-ci par MM. Peyrard, Aran, Antheaume de Surval et Potter jusqu'en 1800, et pendant peu d'années par MM. Baynal et Lallement, ensuite par MM. Chalot et Toussaint Bougon, et en dernier lieu, de 1844 à 1870, par M. Aaron, qui a converti ce bâtiment en logements d'ouvriers.

Le troisième établissement, qui était le principal,

se trouvait place de l'Hôpital, où M. Pigori avait formé, en 1805, dans les bâtiments d'une ancienne auberge, une fabrique de porcelaine dure. Il y a encore eu, dans cette ville, pendant quelques années, une petite fabrique de porcelaine créée aussi, place de l'Hôpital, par M. Hubert-Toussaint Bougon père, qui avait été modeleur à la manufacture de Sèvres.

La porcelaine dure a été, avec le temps, en progrès notable à Sèvres, comme à Limoges et dans d'autres centres de fabrication. Celle que l'on faisait à Chantilly a pu être dépassée depuis pour le décor et sous d'autres rapports, mais non pour la qualité, parce que, au dire de connaisseurs désintéressés, le kaolin et le feldspath employés maintenant, vu les grandes quantités que l'on tire de Saint-Yrieix, ne pouvant être désagrégés par le temps, sont moins propres à la bonne fabrication de la porcelaine.

Quant à la porcelaine tendre, dont la fabrication avait cessé complètement à Chantilly dès les premières années de ce siècle, les spécimens sont devenus très rares et les collectionneurs les recherchent. La plupart des pièces en vieux Chantilly méritent en effet l'admiration des vrais connaisseurs.

Il en existe quelques-unes au château de Chantilly. Le musée céramique de Sèvres ne possède qu'une douzaine de pièces qui sont loin d'être des plus belles, ce qui nous semble étrange pour un musée national. On cite quelques collections particulières à Paris et à Londres, qui en comprennent un plus grand nombre, et qui sont d'un intérêt plus sérieux (1).

---

(1) Nous croyons à propos de faire connaître qu'une importante et curieuse collection de céramique en pâte tendre et de dentelles, appartenant à M. Dupont-Auberville, doit être exposée prochainement d'une manière permanente, au Palais de l'Industrie, dans le local affecté au musée des arts décoratifs.

On y verra d'intéressants spécimens en porcelaine tendre de Chantilly, ainsi que des dentelles de même origine.

M. Paul Gasneau, secrétaire général de ce musée, doit exposer en même temps sa belle et considérable collection de céramique, qui comprend un certain nombre de spécimens de toutes les porcelaines tendres de France, entre autres des porcelaines de Chantilly.

La dentelle de Chantilly.

La ville de Chantilly a ajouté à la célébrité que lui avaient acquise les grands noms de Montmorency et de Condé, une gloire particulière fondée sur les progrès de l'industrie céramique et de la dentelle, progrès qui forment une page intéressante dans l'histoire de l'esprit humain.

La fabrication de la dentelle a eu à Chantilly, comme ses manufactures de porcelaine, des phases diverses, des temps d'épreuve et de prospérité.

On conçoit que les révolutions durent être funestes à cette fabrication, portant sur un objet de luxe recherché surtout à Paris. Aussi, après le changement social de 1789 et pendant la Terreur, fut-elle presque anéantie à Chantilly, comme partout en France où elle s'était développée pendant plusieurs siècles.

Quoique nous ayons fait sur ce sujet, ainsi que sur la céramique, d'assez grandes recherches, le cadre que nous nous sommes tracé ici ne comporte pas de longs détails.

On fait remonter l'industrie de la dentelle en France au xv° siècle. Mais il est permis de dire qu'une industrie analogue a existé dans le monde depuis les temps les plus reculés, en se rappelant les passages où Homère parle des broderies et des voiles qui cachaient les traits gracieux de la belle Hélène, de l'interminable tapisserie de Pénélope, etc., etc. On peut encore se fonder sur des passages de la Bible, où il est parlé de rideaux chargés de dessins à l'aiguille et de vêtements de broderies, et sur la populaire chanson de la reine Berthe.

Enfin l'art de la broderie et de la confection des voiles serait constaté par la tradition, au seuil même de l'époque chrétienne, car on a dit que sainte Anne l'avait enseigné à la Vierge Marie. Nous lisons, en effet, dans un livre très érudit et du plus haut intérêt, paru en 1878, et écrit par M. Rohault de Fleury, qu'à Nazareth, la Sainte Vierge, tantôt tordait la laine et le lin sur ses fuseaux, tantôt tissait et préparait des vêtements, et qu'au moment de l'*Annonciation*, quand l'ange Gabriel se présenta à ses yeux, elle était occupée à broder le voile précieux que le grand prêtre portait aux jours les plus solennels, ce saint travail lui ayant été confié parce que les jeunes filles du temple n'avaient pas son habileté à travailler la soie et la pourpre.

Historiquement, il est établi qu'en France on fabriqua d'abord de la dentelle dans des régions éloignées de Paris, au Puy, notamment. Alençon devint plus tard, en 1665, sous Louis XIV, un centre de fabrication. Un grand ministre de ce roi, Colbert, l'y protégea particulièrement.

Grâce à des mesures prohibitives prises à l'égard des dentelles étrangères, cette industrie put se propager dans notre pays, et bientôt de nombreuses ouvrières y furent employées à Paris et dans les communes voisines, notamment à Saint-Denis, Villiers-le-Bel, Sarcelles, Montmorency, Louvres, Fontenay-lès-Louvres, Moisselles, Groslay, Écouen, Saint-Brice, Viarmes.

La fabrication de la dentelle reçut, à plusieurs reprises, une vive impulsion partie de la cour et entretenue par les plus hauts personnages. C'est pour cela que l'on a dit que c'était une invention de déesse et une occupation de reine.

Au XVIIe siècle, la duchesse Catherine d'Orléans-Longueville eut l'heureuse inspiration d'attirer à son château d'Étrépagny, près de Gisors, des dentellières de Dieppe et du Havre, pour y enseigner et diriger la fabrication de la dentelle. L'élan étant donné, Chantilly allait devenir le milieu de cette fabrication, et dès l'année 1710, un habitant de cette ville, M. Moreau, s'y livra avec ardeur et intelligence. Son fils lui succéda. D'autres fabricants parurent, entre autres MM. Landry, Vandzel, Vignon, Feuillette de Saint-Maximin, etc. Cette industrie prit donc, au XVIII° siècle, une grande extension. Les dentelles de Chantilly furent très appréciées, et leur mérite spécial les fit distinguer dans le commerce sous le nom particulier de cette ville, nom qui est resté au même genre de dentelle, quoiqu'elle se confectionne maintenant dans une autre contrée.

Pendant longtemps Chantilly fut un centre de fabrication des plus importants. Presque toute la population féminine des localités voisines s'adonna à cette industrie. Aujourd'hui, cette sorte d'occupation est délaissée. Les ouvrières ont trouvé un salaire plus avantageux à faire des réseaux de perruques, des gants et des boutons ou d'autres travaux.

En 1851, dit Mme Bury-Palliser, dans son histoire de la dentelle, écrite en anglais et traduite en français par Mme la comtesse de Clermont-Tonnerre, on comptait encore 8 à 9,000 dentellières dans la région de Chantilly; mais devant la concurrence résultant d'autres industries plus lucratives et alimentées par le voisinage de Paris, ce nombre a rapidement baissé, la main-d'œuvre s'est élevée et la fabrication a alors diminué; elle est même devenue presque nulle depuis 1860.

Des documents officiels constatent que l'industrie française de la dentelle atteignit son apogée de prospérité sous le gouvernement pacifique du roi Louis-Philippe. L'invasion dans le commerce des dentelles médiocres et de l'imitation n'est survenue que plus tard, sous le second Empire.

C'est dans le Calvados, à Bayeux, à Caen et aux environs que se trouve maintenant le centre de la fabrication de la dentelle noire, dite *de Chantilly*, et de celles appelées *blondes*. La main-d'œuvre y est sans doute moins élevée qu'à proximité de Paris. Une concurrence redoutable résulte de la confection des dentelles inférieures, qui se font à la mécanique, à frais moindres, mais avec des imperfections qui échappent au vulgaire.

La soie employée à la fabrication de la vraie et belle dentelle provient des Cévennes, et particulièrement d'Annonay, dans l'Ardèche, et de Bourg-Argental, dans le département de la Loire. On en tire aussi du Piémont et d'autres parties de l'Italie.

Les cocons élevés dans ces régions produisent une soie blanche ou jaunâtre qui subit diverses préparations, est filée et teinte, soit en blanc, soit en noir, puis elle est livrée pour la fabrication de la dentelle.

Celle que l'on nomme dans le commerce *imitation* et qui se fait à la mécanique a ses principales fabriques à Saint-Pierre-lès-Calais. Il en existe aussi à Lyon, à Saint-Quentin, et d'importantes à Nottingham, en Angleterre.

La dentelle qui se confectionne maintenant dans le Calvados, et qui se faisait autrefois à Chantilly, se travaille à la main et aux fuseaux. Le dessin est tracé sur un carton ou parchemin; il est fixé au moyen d'épingles sur une pelote appelée, suivant les pays, carreau, oreiller ou coussin.

On emploie pour le fond ou réseau de la soie noire fine, nommée dans le commerce *soie grenadine*. Le réseau, quand il affecte la forme quadrangulaire, a porté successivement les noms de *point de Paris, fond double* et *fond chant*. Ce dernier mot semble une abréviation du nom de Chantilly, où ce genre de réseau a été dès longtemps en usage. Mais quand le réseau est à maille hexagone, il prend le nom de *fond d'Alençon*, à cause d'une certaine similitude de mailles avec la dentelle qui se fait à l'aiguille à Alençon même, et qui est blanche et en fil de lin. L'intérieur de la fleur du réseau, avec les jours qui l'ornent, est exécuté en même fil de soie que ce réseau. Les mates s'appellent *pleins, toilés* ou *grillés*, suivant la façon de tordre les fils, et les modes qui sont les parties ajourées portent les noms de *cinq trous, six points, point mignon, carreaux, étoiles à picots*, etc., suivant leurs dispositions. Le contour des fleurs est formé par un cordon de plusieurs fils semblables à celui du réseau et tordus ensemble.

La dentelle qui se faisait à Chantilly était noire ou blanche. On l'appelait *blonde* quand elle était en soie brillante.

La blonde était primitivement faite avec de la soie écrue, floche ou plate, employée dans sa couleur naturelle, qui est flave ou jaunâtre : de là est venu le nom de *blonde*, que l'on a ensuite donné à toutes dentelles faites avec de la soie noire ou blanche non torse, c'est-à-dire floche ou plate.

On distingue les blondes en *gros mate* et *mi-genre*. Le gros mate consiste en grosses fleurs formant relief dans le réseau, et qui étaient recherchées dans les colonies espagnoles, et le mi-genre désigne des fleurs plus petites et plus légères.

Les blondes actuelles du Calvados ont continué à la France la brillante réputation de celles qui se faisaient autrefois à Chantilly. On se souvient, dans cette ville, combien la blonde blanche était charmante en robe, avec dessous rose ou bleu, mais elle était très fragile. Elle convenait surtout aux souverains et aux riches personnages. Dans la première moitié de ce siècle, on a fait particulièrement à Chantilly, en dentelle blanche, mais plus souvent en dentelle noire, de grandes pièces, telles que châles, pointes, écharpes, mantelets, voilettes, etc.

Il s'est encore fait à Chantilly des dentelles blanches de fil de lin par le même procédé de travail que pour la dentelle de soie.

Après la rentrée en France de la famille des Bourbons, et surtout à l'occasion du mariage de la duchesse de Berry, la dentelle de Chantilly prit une grande vogue, qui se continua sous Charles X et sous le règne de Louis-Philippe. Charles X aimait, dit-on, à la voir porter dans les bals de la cour.

Mais depuis, cette prospérité a été chaque jour en diminuant, et maintenant Chantilly et ses environs n'apportent plus au commerce de la dentelle de sérieux produits.

En résumé, la seule dentelle qui se vende encore sous l'étiquette de *Chantilly* et qui a pour type celle qui s'y faisait autrefois en soie noire torse, est, comme nous l'avons dit plus haut, la dentelle de soie appelée *grenadine*, qui se fabrique maintenant dans le Calvados.

Situation actuelle, commerciale et industrielle de Chantilly.

Malgré le déplacement des deux belles industries dont nous venons de parler, la ville de Chantilly a pris de l'importance, et sa population n'a cessé de s'accroître.

L'art de la construction s'y est développé, et tous les états qui, dans cette localité, s'y rattachent, sont aujourd'hui à la hauteur de leurs similaires parisiens. Nous aimons à constater que, pour des travaux d'une délicatesse artistique, Mgr le duc d'Aumale, toujours bienveillant et juste appréciateur, a voulu employer au châtelet et au nouveau château la plupart de ses entrepreneurs habituels (menuisier, serrurier, etc.), sans que ceux-ci se soient montrés au-dessous de cette tâche difficile.

Des industries nouvelles sont nées à Chantilly. Nous citerons notamment une filature de laine, des fabriques de boutons de soie et de moules de boutons, des ateliers d'impression sur châles, une fabrique d'aiguilles pour machines à coudre, des brasseries, un établissement de carrosserie, etc., etc.

Le commerce de bois y occupe toujours une place importante.

Un moulin à farine, mû par la vapeur, existe à côté de la gare. Ce moulin a une grande supériorité commerciale sur tous ceux de la vallée de Creil.

Le commerce moyen dans toutes ses branches est fort nombreux et florissant, et il étend ses relations d'affaires jusque dans les communes voisines.

Un marché public, toujours bien approvisionné, se tient à Chantilly deux fois par semaine, les mercredis et samedis.

Des abattoirs viennent d'être construits sur un terrain donné par Mgr le duc d'Aumale, et une usine à gaz a été établie sur un autre terrain gracieusement concédé par ce prince.

Cette usine a été inaugurée en février 1874. Quant aux abattoirs, ils fonctionnent depuis le 1er septembre 1879.

L'industrie chevaline et l'hippodrome de Chantilly.

Mais le grand objet à signaler à Chantilly et qui forme maintenant sa principale source de prospérité, c'est l'industrie qui a pour but l'élevage et l'amélioration de la race chevaline, industrie relevée par de grands noms et de grandes positions financières.

La Société d'Encouragement et du Jockey-Club la dirige dans un esprit sérieux et tout à fait national.

Nous avons donné, dans notre précédent ouvrage, des indications suffisantes sur l'origine des courses et sur l'hippodrome de Chantilly.

Nous nous bornerons à rapporter ici les importantes et excellentes résolutions qui viennent d'être arrêtées à ce sujet sur l'initiative de Monseigneur le duc d'Aumale :

Un nouveau bail de la pelouse a été accordé par le prince à la Société d'Encouragement pour vingt années à partir du 1er janvier 1881, moyennant 12,000 fr. par an. Les routes d'entraînement sont engagées pour un temps moindre à raison de 3,000 fr. annuellement.

Les tribunes vont être reconstruites sur un nouvel emplacement, à peu de distance de la belle route des Aigles.

Les travaux auront lieu sous la direction de l'architecte du château, M. Daumet, dont le plan a été adopté par tous les intéressés.

Ces tribunes auront une longueur de plus de 100 mètres, avec des divisions intérieures. La partie centrale sera surmontée d'une plate-forme en gradins qui permettra d'embrasser toute l'étendue de l'hippodrome, et d'où les spectateurs jouiront d'un coup d'œil ravissant.

La tribune du prince en formera l'extrémité vers l'ouest et sera détachée de celles destinées au public.

Mgr le duc d'Aumale doit contribuer aux dépenses de construction. De son côté, la Société d'Encouragement a résolu d'y consacrer les sommes nécessaires pour que l'habile architecte chargé de la direction des travaux puisse, par l'élégance et le confort de ces nouvelles tribunes, ajouter à l'attraction de Chantilly.

L'agrandissement de la pelouse et la suppression d'un réservoir permettront de modifier les trois pistes d'une façon entièrement satisfaisante pour les spectateurs. Le parcours le plus considérable dépassera celui de la grande piste de Longchamps, au bois de Boulogne.

Enfin, l'admirable hippodrome de Chantilly occupera, par suite de ses accroissements, une étendue superficielle à peu près égale à l'emplacement de Longchamps.

III

MONUMENTS.

**L'église paroissiale de Chantilly.
Les anciennes chapelles du château et de la paroisse.
L'hospice et les cimetières.**

Les monuments dignes d'être cités sont peu nombreux dans la ville même de Chantilly, mais la grandiose et étonnante construction des écuries; le château avec ses parterres et ses ravissantes pièces d'eau; la pelouse agrandie servant d'hippodrome et ses nouvelles tribunes; la forêt soignée et entretenue à l'instar d'un parc réservé : cet ensemble admirable fera toujours de Chantilly la plus gracieuse et la plus attrayante des résidences princières, ainsi que le charme inépuisable des véritables artistes et des promeneurs.

Sans nous permettre de faire une comparaison anticipée avec ces merveilles, nous signalerons cependant que bientôt l'on verra s'élever, à quelques minutes de la gare, un immense pavillon, accompagné de quatre tourelles dont la cime superbe, se dessinant et miroitant dans les régions éthérées, attirera l'attention des voyageurs passant sur le viaduc de Chantilly. Le goût et la fortune étant réunis, on aime à penser que cette importante construction sera splendide. Le propriétaire, M. le baron James de Rothschild, devenu associé d'une grande maison de banque, après avoir appartenu au barreau de Paris, fait édifier ce château dans le parc des Fontaines que nous avons créé et qu'il a agrandi. Nous voulons espérer, dans l'intérêt de la ville de Chantilly, qu'il imitera la noble courtoisie du Prince, en permettant, à certains jours, la visite de son château et la promenade du parc.

L'église paroissiale de Chantilly.

L'église Notre-Dame de Chantilly nous semble mériter une mention particulière.

Elle est adossée, au midi, aux écuries monumentales, et ne s'annonce point, comme la plupart des édifices du culte, par un clocher élégant et hardi avec une flèche s'élevant au-dessus des habitations.

C'est sans doute pour un motif de perspective que l'on a fait un clocher de forme carrée, dont le sommet arrondi reste inaperçu de tous côtés. On pourrait croire que l'on a voulu le soumettre, à cause des écuries, à la servitude appelée dans le droit romain : *Servitudo non altius tollendi*. Mais il est peu vraisemblable, malgré la vulgaire interprétation qui en a été faite, que l'architecte se soit inspiré, pour ce clocher invisible, d'une pensée d'indépendance de la seigneurie vis-à-vis de l'Église.

Le blason des Condé est sculpté au centre du fronton de la façade de l'église.

Cette église, sans avoir un aspect monumental, forme une belle et sévère construction, bien combinée pour la lumière, avec imitation, dans quelques parties, de l'architecture grecque et particulièrement par ses colonnes et pilastres aux chapiteaux corinthiens; d'autres parties sembleraient se rapporter à l'art romain.

On remarque au-dessus du maître-autel un tableau de Houasse représentant l'*Adoration des Mages*.

Il existe des vitraux exécutés en collaboration par deux artistes, Laurent et Gselle, à droite et à gauche de l'autel.

La verrière de droite représente la donation de l'église par le grand Condé, quoique cette église ait été érigée par son fils, mais avec les fonds qu'il avait destinés pour cet objet.

Le grand Condé, entouré de sa famille, offre le titre à Mgr Denis Sanguin, évêque de Senlis, et un page lui présente le plan en relief de l'église.

On a figuré le château dans cette verrière. Dans la partie supérieure on voit la Vierge avec l'enfant Jésus et de chaque côté deux anges tenant une banderolle déployée.

La verrière de gauche représente l'*Assomption de la Sainte Vierge*. Les douze apôtres sont rangés autour de son tombeau vide.

Dans la partie supérieure on distingue le Père Éternel et Notre-Seigneur couronnant la Sainte Vierge. Et encore au-dessus sont deux petits anges ayant quelque ressemblance avec les enfants du donateur de la verrière.

Dans le chœur se trouvent quatre statues : la Vierge et saint Joseph près de l'autel ; saint Pierre et saint Paul à l'entrée du chœur.

Une autre verrière doit être signalée. Elle se trouve à côté des fonts baptismaux. Elle est de M. Lévêque, artiste de Beauvais. Tous les saints du diocèse de Senlis et d'autres y figurent, savoir :

Au milieu saint Pierre, saint Denis, saint Rieul, saint Louis, saint Lucien et saint Remy.

Dans le bas sainte Catherine, saint Étienne Stock, sainte Thérèse, sainte Clotilde et saint Vincent de Paul.

Dans le haut de la verrière on distingue le Père Éternel, Notre-Seigneur en croix, la Sainte Vierge entre saint Joseph et saint Jean l'évangéliste.

Il y a trois autels dans les bas-côtés : l'autel de la Sainte Vierge, l'autel de saint Hubert et l'autel des âmes du purgatoire, au-dessus duquel est une fresque représentant une scène de purgatoire, par Benouville et Lenepveu, peintres de Paris.

Ce dernier est devenu un artiste célèbre.

En face de l'autel se trouve le monument consacré aux cœurs des Condé qu'il renferme. Il porte la date de 1852. Il a été établi sous la direction de M. Grisard, architecte.

L'autel Saint-Hubert est à côté de la sacristie, à gauche du chœur. On y remarque un tableau représentant la vision de saint Hubert, qui y figure avec des chasseurs et des chiens, apercevant un cerf dans les bois duquel se trouve l'image de Notre-Seigneur en croix.

Tous les ans, avant l'ouverture des grandes chasses, on dit une messe à cet autel en l'honneur de saint Hubert, à quatre heures du matin, en présence du chef de la vénerie du Prince et des gardes. Le doyen des limiers de la meute les accompagne avec un ruban au cou. La messe est chantée avec accompagnement du cor.

Au sujet de l'église de Chantilly et de la formation

de sa paroisse par le démembrement d'une partie de celle de Gouvieux, le premier curé de Chantilly, nommé Martin Roger, prit pour lui et ses successeurs, dans un document portant la date du 19 septembre 1692, l'engagement, à titre de reconnaissance, d'aller tous les ans processionnellement avec le clergé et le peuple, à heure commode, en l'église de Gouvieux, le 28 octobre, jour de la translation de sainte Geneviève, patronne dudit Gouvieux.

Cela paraît être tombé en désuétude.

Les anciennes chapelles.

Indépendamment de la chapelle, qui avait été fondée dans le château, en 1333, par Guillaume III le Bouteiller, sous le vocable de Saint-Jacques et de Saint-Christophle, dans laquelle Léon X avait permis la célébration de la messe et des autres offices par une bulle du 15 décembre 1515, le connétable Anne de Montmorency avait fait construire sept chapelles. Une bulle du pape Jules II, du 28 août 1553, accordait des indulgences aux personnes qui visiteraient ces sept chapelles appelées et situées, savoir :

Les chapelles Notre-Dame, Saint-Jean l'évangéliste et Saint-Paul, dans le parc ;

La chapelle Saint-Pierre à Vineuil ; la chapelle

Sainte-Croix, alors à l'entrée de la forêt, aujourd'hui sur la pelouse ; la chapelle Saint-Sébastien, au delà de la voie qui conduit au château, en descendant vers l'étang de Sylvie, et celle Saint-Laurent, qui était à peu de distance des écuries, au long de la route, vis-à-vis une ancienne construction existant dans les parterres, appelée Bucant.

Il n'y a plus maintenant que les chapelles Saint-Jean l'évangéliste et Saint-Paul, dans le parc, et celle Sainte-Croix, sur la pelouse. Elles ne servent point au culte. La chapelle Saint-Laurent a été supprimée vers 1715, mais remplacée par une autre chapelle qui a porté le même nom, construite auprès du cimetière de l'hospice.

La dévotion aux sept chapelles semble avoir été inspirée et établie à l'instar du *pèlerinage des sept grandes basiliques* de Rome, remontant aux temps les plus éloignés. Ces sept basiliques de la Ville Sainte étaient : Saint-Pierre au Vatican, Saint-Paul, Saint-Jean-de-Latran, Sainte-Marie-Majeure, Sainte-Croix-en-Jérusalem, Saint-Sébastien et Saint-Laurent. La même pensée religieuse a donné lieu à un bref du pape Pie IX, établissant l'indulgence dite *des sept stations de Rome*, en l'église Notre-Dame-des-Victoires, à Paris.

Il se trouvait encore dans Chantilly la chapelle Saint-Germain de Quincampoix, donnée en 1130, par le roi Louis le Gros, à l'abbaye de Saint-Vincent de Senlis. Elle fut reconstruite en 1670 à peu de distance de l'ancien emplacement qui était voisin de la rivière, aujourd'hui le canal Saint-Jean.

On transporta dans la nouvelle chapelle les ossements de plusieurs corps de fidèles enterrés dans l'ancienne.

Cette nouvelle chapelle était vers le n° 66 de la Grande-Rue actuelle ou rue de l'hospice à l'église.

L'hospice et les cimetières.

L'hospice est situé à l'une des extrémités de la ville sur une vaste place où se tient le marché public du mercredi.

Le bâtiment principal a sa façade au levant ; la chapelle est au milieu. Ce bâtiment est précédé d'une belle cour, à gauche et à droite de laquelle sont diverses constructions.

Nous ne donnerons pas d'autres détails ici, puisque nous avons déjà parlé de l'hospice dans notre premier livre sur Chantilly.

Quant aux anciens cimetières de cette ville, il ne reste aucun vestige intéressant à signaler.

On a inhumé, nous l'avons mentionné plus haut,

dans la chapelle Saint-Germain de Quincampoix qui ne subsiste plus depuis longtemps.

Il y a eu un cimetière communal derrière l'église. Il a été supprimé quelques années après la Révolution de 1789. En même temps, et dès l'année 1760, il y en avait un autre à côté de l'hospice. Ce dernier n'a été fermé et supprimé définitivement qu'en 1842, et depuis le 31 mai de la même année, le cimetière de la paroisse de Chantilly se trouve près de la rue de Paris à l'entrée de la forêt, à peu de distance de la gare du chemin de fer.

IV

UN BAPTÊME DE CLOCHES.

Nous dirons quelques mots sur une curieuse et intéressante cérémonie qui a eu lieu dans l'église Notre-Dame de Chantilly le dimanche 11 mai 1879.

Mgr Hasley, évêque de Beauvais, était venu ce jour-là présider, sur la demande de Mgr le duc d'Aumale, à la cérémonie du baptême des trois cloches destinées à la chapelle du nouveau château du Prince. Ces cloches étaient placées devant l'autel, recouvertes de dentelles et surmontées de magnifiques bouquets.

Un malheur survenu dans la famille royale espagnole a empêché le comte et la comtesse de Paris et leurs enfants de prendre part à cette cérémonie, à laquelle ils ont été représentés, comme parrains et marraines, par le duc et la duchesse de Chartres et leurs enfants.

Acte régulier du baptême a été dressé en présence des autorités religieuses et civiles de Chantilly.

Les cloches portaient les inscriptions suivantes :

La première :

Je m'appelle LOUISE, mon parrain et ma marraine sont : Louis-Philippe, comte de Paris, et Isabelle d'Orléans, comtesse de Paris.

La seconde :

Je m'appelle AMÉLIE, mon parrain et ma marraine sont : Louis-Philippe, duc d'Orléans, et princesse Amélie d'Orléans.

Et la troisième :

Je m'appelle HÉLÈNE, mon parrain et ma marraine sont : Henri d'Orléans et princesse Hélène d'Orléans.

Avant la cérémonie, Mgr Hasley prononça une émouvante allocution. Il parla en termes touchants de la reine Marie-Amélie, mère des princes d'Orléans, et ensuite il expliqua à quels devoirs le monde se trouve appelé par le son des cloches : tantôt elles signalent un grand danger, tantôt elles disent le bonheur d'une famille, mais parfois elles apportent le dernier adieu d'un être aimé !!... et toujours elles invitent à la prière, qui console et élève les âmes.

6.

V

SUR LE CANTON DE CHANTILLY; L'EXTENSION DE L'ENCEINTE
COMMUNALE ET LE CHANGEMENT DU CIMETIÈRE.

En livrant cet opuscule à la publicité, nous avons été guidé par un intérêt local. C'est une sorte de laisser-passer qui nous a permis d'espérer la bienveillance du lecteur.

Notre livre sur Chantilly, malgré ses imperfections, a reçu une approbation à peu près générale pour tout ce qui a trait à l'érection de cette ville en chef-lieu de canton, et l'on a reconnu que cette mesure ne toucherait en rien à la grande position du Prince, ni au rang élevé de la ville parmi les belles cités où règne un patriotisme éclairé.

Les arguments formulés dans notre livre se trouvent fortifiés par une loi récente qui a prononcé le dédoublement du canton de Baccarat (Meurthe-et-Moselle) qui avait 20,743 habitants et dans lequel on a formé le canton de Badouviller, avec une population de 6,832 âmes. Cette loi, votée d'abord par le Sénat, ensuite par la Chambre des Députés dans sa séance du 3 avril 1879, porte que « par dérogation « à l'article 31, paragraphe 2 de la loi du 25 nivôse « an XI, le Gouvernement est autorisé à ne pas créer « un second office de notaire dans la nouvelle « circonscription cantonale dont Badouviller devient « le chef-lieu. »

Il est, ce nous semble, permis d'invoquer ce précédent pour obtenir le dédoublement du canton de Creil composé de près de 30,000 âmes, soit qu'en rétablissant le canton de Chantilly on y ajoute quelques communes dont l'une serait la résidence d'un second notaire, soit que le nouveau canton demeure formé seulement de communes situées sur la rive gauche de l'Oise, en y comprenant celles de Saint-Firmin et Vineuil, avec un seul notaire résidant à Chantilly, ce qui, pour les habitants, ne présenterait aucun inconvénient, puisque les notaires du chef-lieu de l'arrondissement ont le droit de venir exercer leur ministère dans ces communes, qui sont peu éloignées de Senlis par le chemin de fer, sauf à la chancellerie à statuer sur les indemnités de droit entre les notaires actuels du canton de Creil et tous autres intéressés.

Nous croyons à propos de noter qu'il a été présenté à la Chambre des Députés une proposition de loi ayant pour objet d'attribuer aux conseils généraux une représentation proportionnelle à la population cantonale.

Il est, en effet, peu rationel de voir, par exemple, l'arrondissement de Clermont représenté par huit conseillers généraux, tandis que celui de Senlis n'en a que sept, quoiqu'il ait une population supérieure en nombre. Mais contre le projet en question, nous objecterons qu'en doublant ou triplant la représentation dans un canton, sans le diviser par justices de paix, on semble avoir pour but unique d'étendre l'influence politique des agglomérations dans les chefs-lieux actuels, et l'on oublie que la formation de nouveaux cantons aurait des conséquences plus dignes de la haute sollicitude des législateurs puisqu'un plus grand nombre de justiciables se trouverait à proximité du siège des magistrats chargés de la conciliation et dont la mission est de mettre fin aux difficultés portées devant leur juridiction d'une manière prompte et peu coûteuse, suivant l'esprit de la loi des 16-24 août 1790, émanée de notre première Assemblée nationale qu'une Chambre républicaine pourrait prendre pour guide.

Nous ne voulons pas discuter l'étroite idée qu'il y aurait un obstacle particulier à surmonter à Chantilly. Nous sommes persuadé que l'on se trompe à cet égard et qu'une mesure s'appuyant sur le sentiment de la sollicitude populaire, et d'ailleurs d'un intérêt général, ne saurait être que bien accueillie et efficacement appuyée à l'heure opportune.

Nous avons maintenant deux autres points à examiner que soulève la situation tout exceptionnelle de Chantilly, à savoir : comment la ville pourrait s'étendre et si le cimetière communal pourrait être déplacé.

La pelouse est et doit demeurer l'ornement toujours respecté du domaine de Chantilly et de la ville elle-même. Cependant, puisqu'on vient d'agrandir cette pelouse, on pourrait, sans nuire à sa beauté, en détacher, à l'imitation de plusieurs princes de Condé, quelques parcelles pour augmenter l'enceinte communale.

Nous croyons que Mgr le duc d'Aumale donnerait une juste satisfaction à un intérêt de premier ordre pour Chantilly, s'il voulait bien mettre en vente, pour recevoir d'élégantes constructions, une bande de terrain de 40 à 50 mètres de largeur sur toute la ligne de la nouvelle voie établie au long des jardins et aboutissant, d'une part, à la rue d'Aumale et de l'autre à la rue de Paris en face l'ancien chemin de Gouvieux.

On pourrait donner à cette voie le nom du duc d'Orléans qui a introduit les courses à Chantilly.

Au milieu de la voie on laisserait une ouverture de quelques mètres sur la pelouse pour le passage des piétons et des chevaux.

C'est avec la plus grande circonspection, nous le répétons, que l'on doit toucher à la pelouse. Aussi n'allons-nous parler d'un projet plus étendu qu'à titre d'étude à soumettre aux personnes qui s'intéressent à la ville de Chantilly. Ce projet ne comporte pas une réalisation prochaine puisqu'il comprend le déplacement d'un cimetière.

Quelques habitants nous ont soumis l'idée du prolongement de la rue projetée dont nous venons de parler, en déplaçant le jeu d'arc et le cimetière, sauf à laisser une partie boisée pour former un square près de la gare.

Il s'agit préalablement d'examiner où le cimetière pourrait être transféré.

Cinq endroits sont indiqués :

1° Le terrain des Bourgognes au delà du grand canal.

Cet emplacement est sur Vineuil ; il est éloigné, escarpé et le trajet par les ponts serait incommode en toute saison ;

2° Un terrain vers la fourrière entre la route de Louvres et celle des Lions ou du Connétable.

Si l'on demandait la plus médiocre concession au plus tolérant des particuliers pour avoir le passage des convois devant son habitation, il refuserait assurément, et avec raison.

Donc demander au Prince un terrain dans ces conditions, serait peu bienséant. Nous n'hésitons pas à en condamner l'idée;

3° Un emplacement au delà de la gare, près de la route de Gouvieux, entre cette route et l'ancien chemin arrivant en face de la gare des marchandises.

Les convois pourraient s'y rendre en passant sous le pont du chemin de fer. Mais nous ne savons point si l'entente avec la commune de Gouvieux serait possible;

4° Un terrain sur Chantilly, au delà de l'ancienne usine de Richard Lenoir, vers l'endroit appelé le Coq-Chantant, auquel on aurait accès par la route de Creil.

Cet emplacement serait peut-être convenable parce qu'il est au nord de la ville, mais le cimetière serait bien éloigné de l'église et de la station du chemin de fer; de plus il y aurait à traverser toute la ville, et le trajet, à cause de la montée de la route de Creil, serait pénible pour les personnes âgées.

On ne doit pas non plus oublier qu'il est désirable pour les familles qui viennent de Paris, que le cimetière soit le moins possible éloigné de la gare ;

5° Enfin, les quatre premières hypothèses rejetées, on proposerait de transférer le cimetière et le jeu d'arc entre la route Millard et la route des Aigles, ou même au delà, avec une entrée principale sur la route ou rue de Paris continuée jusqu'à la ligne du chemin de fer. En outre, une voie directe sur la pelouse pourrait y conduire.

Cette dernière proposition appelle un examen sérieux.

Nous ne voyons toutefois d'urgence qu'en ce qui concerne les concessions de terrains qui pourraient être faites au long de la nouvelle voie aboutissant sur la rue d'Aumale.

Nous devons rappeler que cette mesure avait été projetée lorsque le domaine était sous la direction de M. Mac-Coll. Les motifs sont encore plus pressants et plus péremptoires aujourd'hui. Les terrains propres à la construction sont rares dans Chantilly. Des demandes nombreuses de locations et d'achats se produisent fréquemment sans être satisfaites.

Un ancien maire de cette ville, M. Toussaint Bougon, industriel distingué, disait qu'il considérait les courses, après les manufactures, comme la seconde providence de Chantilly. Maintenant les fabriques importantes tendent à disparaître de cette localité. L'appendice naturel de l'hippodrome serait la construction de jolies villas. Mais le terrain manque. La ville est enfermée dans le domaine du Prince.

Nous le supplions, au moment où, par des mesures d'une éclatante générosité, il agrandit la pelouse en sacrifiant une partie de sa belle forêt, de porter sa sollicitude sur le point que nous venons d'indiquer, et ce n'est pas sans quelque espoir que nous formulons cette prière, notre confiance reposant dans la volonté éclairée du Prince, protecteur naturel des intérêts justifiés de la ville de Chantilly.

Nous n'oublions point toutefois que ce projet se heurte à une double difficulté, mais nous ne regardons pas l'obstacle comme grave. Cette difficulté résulte d'un droit d'usage ou de pâturage appartenant à la commune de Gouvieux, et de la faculté accordée à la Société d'Encouragement de se servir pour les courses et l'entraînement des chevaux, moyennant une modique redevance, de la partie de la pelouse qui se trouve entre les réservoirs et la rue de Paris.

L'adhésion de cette Société, réclamée au nom du domaine, peut être tenue pour certaine; d'une autre part, si l'on veut bien remettre à la municipalité de Chantilly le soin de s'entendre avec celle de Gouvieux, la difficulté nous paraît également facile à aplanir sous ce rapport, car la renonciation ne porterait que sur une bien minime parcelle de terrain destinée à recevoir des constructions, ce qui devrait éloigner la crainte nourrie par une partie de la population de Gouvieux, d'un nouveau démembrement de son territoire, au profit de Chantilly, à l'instar de ceux qu'une nécessité inéluctable a motivés en 1692, 1809 et 1859.

VI

DOCUMENTS, NOTES ET ÉCLAIRCISSEMENTS SUR DIVERS SUJETS.

I. — Lettres patentes du roi Louis XV, du 5 octobre 1735, enregistrées le 27 février 1736.

Louis, par la grâce de Dieu, etc.

Notre bien amé Ciquaire Cirou nous a fait représenter que, depuis plus de dix ans, il s'est appliqué à la fabrique de la porcelaine pareille à celle qui se faisait anciennement au Japon; que ses peines et les dépenses qu'il a faites ont eu un succès si favorable qu'il n'y a aucun lieu de douter que sa porcelaine ne soit au-dessus de celle de Saxe, qui, néanmoins, avait trouvé un très grand crédit en France et dans le reste de l'Europe; que les différents ouvrages qu'il en a produits et l'empressement avec lequel les pays étrangers, tels que l'Angleterre, la Hollande et l'Allemagne en demandent, tendent à assurer la supériorité de sa porcelaine sur tout ce qui a paru jusqu'à présent en ce genre, et qu'il était en état de donner à cette fabrique, dont le commerce serait très avantageux au royaume, toute l'étendue qu'elle peut avoir, s'il nous plaisait de lui accorder et à ses hoirs et ayants cause, les grâces et les privilèges nécessaires pour retirer de l'établissement de cette manufacture tout le profit qu'il en peut espérer et se dédommager des dépenses qu'il a été obligé de faire à ce sujet. A ces causes et autres, à ce nous mouvant, étant bien informé de la perfection de la porcelaine fabriquée par le dit Cirou, de sa capacité pour en établir la fabrique à l'avantage de notre royaume et désirant favorablement traiter ledit exposant, de l'avis de notre Conseil et de notre certaine science, pleine puissance et autorité légale, nous avons, par ces présentes, signées de notre main, permis et accordé, permettons et accordons, audit Ciquaire Cirou, ses hoirs et ayants cause, de faire, dans la manufacture qu'il a établie à Chantilly, de la porcelaine fine de toutes couleurs, espèces, façons et grandeurs, à l'imitation de la porcelaine du Japon, et ce, pendant l'espace de vingt années consécutives, à compter du jour de l'enregistrement des présentes. Permettons audit Cirou, ses hoirs et ayants cause de faire exploiter ladite manufacture, par tel nombre d'ouvriers qu'ils jugeront à propos, de débiter en gros et en détail dans toutes les villes et lieux de notre royaume, la porcelaine de ladite manufacture et d'envoyer à l'étranger, en payant seulement tant à la sortie de notre royaume, que des provinces de la Ferme, moitié des droits fixés par les règlements, faisons défense à toutes personnes de quelque condition et qualité qu'elles soient, excepté les ayants cause de Pierre Chicaneau et autres entrepreneurs travaillant à la manufacture de porcelaine et faïence établie à Saint-Cloud, et les hoirs et ayants cause du sieur de Saint-Étienne, de faire la porcelaine en quelque lieu de notre royaume que ce puisse être, etc…

Arrêt du Conseil du 16 mai 1784.

Un arrêt de 1766 avait favorisé le développement des fabriques particulières de porcelaine tendre, mais après la découverte des kaolins français on mit un frein au dérèglement de l'industrie céramique, en accordant des privilèges à la fabrique de Sèvres par un arrêté du Conseil du 16 mai 1784.

Toutefois, on permit aux entrepreneurs des manufactures de Sceaux et de Chantilly, à cause de leur ancienneté, d'en continuer l'exploitation dans le même lieu où elles étaient établies.

7.

II. — Louis III de Bourbon-Condé et ses fils.

Louis III de Bourbon-Condé, petit-fils du grand Condé, mourut moins d'un an après Henri-Jules de Bourbon, son père.

C'était, dit Saint-Simon, un homme considérablement plus petit que les plus petits hommes, la tête grosse à surprendre et un visage qui faisait peur.

Ce portrait de l'élève de la Bruyère nous paraît un peu fantaisiste.

Louis III avait épousé une fille naturelle légitimée de Louis XIV et de Mme de Montespan. Elle portait les noms de Louise-Françoise de Bourbon et fut surnommée Mademoiselle de Nantes.

Trois fils naquirent de cette union :

L'aîné fut le duc Louis-Henri de Bourbon, qui devint premier ministre sous Louis XV, et dont le nom fut mêlé aux agissements financiers et aux tripotages de ce règne.

Le second fut le comte de Charolais, qui a laissé une réputation encore plus détestable.

Le troisième, le comte de Clermont fut abbé par état et soldat par goût.

La bassesse du duc de Bourbon et la brutalité du comte de Charolais font ressortir, dit un auteur, les qualités aimables et relatives qui faisaient le fond du caractère du comte de Clermont. Celui-ci fut supérieur de l'abbaye de Saint-Germain-des-Prés à Paris, de l'abbaye de Chaalis et autres, ce qui lui donnait droit à d'importants revenus qu'il dépensait suivant la tolérance du temps, en plaisirs mondains et dans des relations avec la Camargo et Mlle Le Duc, deux célèbres danseuses de l'Opéra.

Il convient de reconnaître que le haut clergé a aujourd'hui une conduite bien différente.

III. — Légende sur Jeanne la bergère.

Dans un livre portant la date de 1735, relatif à la seigneurie de Chantilly on fait mention de la Croix Jeanneton se trouvant à la lisière de la forêt sur la pelouse. Une légende se rapporte à cette croix. Un événement malheureux en est le sujet.

Un jeune seigneur, prenant pour la première fois une arme à feu dont il ignorait la portée, vise sur la pelouse dans la direction où se trouvait, dans le lointain, une bergère assise à l'orée de la forêt et gardant son troupeau. La forêt était alors beaucoup plus rapprochée qu'aujourd'hui du château.

Le coup part et la bergère tombe mortellement atteinte.

La douleur en fut vive au château. Le jeune seigneur voulut s'appliquer la loi du talion et se donner la mort.

La famille de la victime est appelée. Elle voit la peine sincère de l'imprudent seigneur.

A quoi serviraient pour elle la vengeance et la vindicte publique?...

Il parut préférable que le château pourvût aux besoins de cette infortunée famille et le seigneur, pour accuser publiquement sa faute et manifester ses regrets, fit élever une croix à l'endroit où était morte Jeanne la bergère, surnommée Jeanneton.

Cette croix était à peu de distance du groupe des six beaux tilleuls de la pelouse, qui rappellent des souvenirs moins tristes, car c'est là que, sous les Condé, au moment où la nuit s'annonce, on entendait souvent résonner le cor de chasse dont les notes harmonieuses et retentissantes venaient se mêler aux propos aimables et joyeux que devait provoquer la présence d'une marquise de Prie ou de la baronne de Feuchères.

IV. — Sur la mort de Vatel, maître d'hôtel du grand Condé.

Nous allons réparer une lacune de notre premier livre sur Chantilly, en parlant ici de la singulière et tragique aventure de Vatel, maître d'hôtel du grand Condé, aventure racontée dans la célèbre lettre de Madame de Sévigné à sa fille, du 26 avril 1671, et qui a trait à la somptueuse réception faite à Louis XIV par Louis II de Condé, à Chantilly...

> Condé, le grand Condé que la France révère,
> Recevait de son roi la visite bien chère,
> Dans ce lieu fortuné, ce brillant Chantilly,
> Longtemps de race en race à grands frais embelli.
> Jamais plus de plaisirs et de magnificence
> N'avaient d'un souverain signalé la présence.
> Tout le soin des festins fut remis à Vatel,
> Du vainqueur de Rocroy fameux maître d'hôtel.

Le pauvre Vatel s'est-il suicidé parce que la marée manqua à l'heure dite pour le festin royal ? A-t-il vu là un affront auquel il ne devait pas survivre ? On le loua fort, dit madame de Sévigné, d'avoir eu de l'honneur à sa manière. On loua et on blâma son courage.

Le récit charmant de madame de Sévigné fera toujours plaisir à lire, en dépit du sort fâcheux de Vatel dont la mort fut, du reste, attribuée par d'autres personnes à la passion malheureuse qu'il avait conçue, sans réciprocité, pour une des dames de la cour, laquelle ayant revêtu un costume qui cachait son rang et changé de nom, sembla pendant quelque temps accueillir avec sympathie les déclarations et les démonstrations chaleureuses de Vatel dont au fond elle voulait s'amuser. Le malheureux chef culinaire apercevant son idole parmi les grandes dames de la cour le jour même de la réception faite à Louis XIV, reconnut qu'il était joué. Il en fut tellement humilié et attristé que son cerveau se troubla et alors il se serait suicidé. Si l'événement est arrivé de cette manière, la cause de la mort de Vatel dut être cachée pour ne pas révéler publiquement le jeu cruel auquel s'était livrée une personne de la cour.

Toutefois l'appréciation que nous rapportons ici n'a jamais été appuyée de preuve positive.

Quoi qu'il en soit, sans discuter le degré de véracité du récit de madame de Sévigné, on peut lui appliquer les expressions si connues qu'elle emploie en parlant d'une autre aventure moins tragique puisqu'il s'agis-

sait du mariage, qui n'eut point lieu, du duc de Lauzun avec Mademoiselle, fille de Gaston d'Orléans, frère du roi Louis XIII, mariage qu'elle signalait
« comme la chose la plus étonnante, la plus surpre-
« nante, la plus étourdissante, la plus inouïe, la plus
« singulière, la plus extraordinaire, la plus incroyable,
« la plus imprévue, la plus grande, la plus petite, la
« plus rare, etc., etc.; enfin une chose dont on ne
« trouve guère d'exemple. »

V. — Le Phanal ou la Lanterne des morts de Comelle.

On remarque à peu de distance de Chantilly un curieux édifice, unique dans nos contrées et se trouvant dans un lieu clos de murs appelé Comelle, traversé par la rivière la Thève, en amont des étangs de la Reine-Blanche et à l'extrémité de la forêt, sur le territoire d'Orry-la-Ville.

On a consigné quelques détails sur cet édifice dans les annales du Comité archéologique de Senlis.

Il a tous les caractères des monuments désignés au moyen âge sous le titre de *Lanterne des morts*.

A côté de ce monument funèbre est un vaste bâtiment occupé par des gardes forestiers. Quelques ouvertures en arcs brisés, des fenêtres à feuille de trèfle, et une tour rappellent une construction primitive très ancienne.

La grande porte de l'enclos, cintrée et surbaissée, et quelques parties de murs d'une épaisseur singulière font encore reconnaître l'ancienneté des constructions.

Dans l'intérieur de l'enclos on a découvert un grand nombre de tombes et, en dehors, à quelques mètres de l'entrée, il a existé une croix appelée la Croix de Comelle.

Enfin, en face de la *Lanterne des morts*, au delà de la vallée, se trouve une route qui porte depuis un temps immémorial le nom de route des Tombes.

Toutes ces circonstances indiquent qu'il y avait dans ces lieux un cimetière et même une église, comme nous l'établirons plus loin.

Mais il n'y a jamais eu d'abbaye, et les bâtiments d'habitation avec leurs annexes s'appelaient dans les temps reculés la *Grange*, parce qu'ils étaient utilisés pour l'exploitation de biens qui appartenaient à l'abbaye de Chaalis, dont les religieux, de l'ordre de Citeaux, se consacraient, dans cet endroit isolé, au labour et à la production du sol.

Une bulle du pape Eugène III, du 6 mars 1150, énumère les biens appartenant aux religieux de Chaalis. Parmi leurs propriétés figure la Grange de Comelle. Une autre bulle du pape Alexandre III, de 1161, fait également mention de cette Grange.

Nous croyons que le cimetière de la commune d'Orry-la-Ville a été pendant longtemps dans une partie de l'enclos actuel, avec une église dite de Saint-Rieul, à côté de la Grange et près de la *Lanterne des morts*.

On fait remonter au XIIIe siècle la construction de ce dernier monument qui a la forme d'une pyramide.

Il s'élève sur quatre larges piles séparées par sept ouvertures en arcs ogives ou brisés. En face de la vallée et de la route des Tombes s'ouvre l'entrée principale. Sur les trois côtés les ouvertures sont doubles et beaucoup moins grandes. Au-dessus de ce premier plan se dessine la pyramide.

Le couronnement ou le lanternon est percé perpendiculairement de huit ouvertures dont quatre grandes et quatre petites au-dessus des grandes donnant, pendant le jour, de la clarté à l'intérieur et la nuit envoyant dans le lointain la lumière du fanal qu'une attache devait retenir à la pierre qui fermait le lanternon, et qui était surmontée d'une croix.

Les feux nocturnes du fanal pouvaient, à une époque d'ignorance et de superstition, garantir les gens simples et crédules contre la peur des revenants, mais ils avaient surtout pour but, ainsi que le son des cloches, d'inspirer aux voyageurs passant près du cimetière, et aux habitants des alentours, la pensée de la commisération et de la prière pour les trépassés.

M. Viollet Le Duc croit que les *lanternes des morts* et les petites chapelles ajourées ont continué une tradition antique modifiée par le christianisme, et il en trouve la trace dans les menhirs gaulois.

On a pu voir dans l'Oise, près de Borest, une large pierre dressée au long de la grande route. Elle a plus de trois mètres de hauteur et elle est enfoncée en terre de près de deux mètres. Ce menhir ou pierre levée date, dit-on, des Gaulois et indiquait la proximité de tombes. En effet, on a découvert, en 1755, à quelques mètres de là, vers l'entrée du village, un tumulus renfermant les ossements de plusieurs corps.

A l'imitation des Romains dont les lois défendaient d'inhumer dans les lieux habités, la coutume s'établit chez les Gaulois d'enterrer leurs morts au long des grands chemins; c'est ce qui a eu lieu, il nous semble, pour la route des Tombes qui conduisait de Chaalis à Royaumont et qui, vraisemblablement, a reçu ce nom funèbre antérieurement à la création d'un cimetière dans l'enclos de Comelle.

Des fouilles faites en 1857, lors de l'établissement du pont du chemin de fer sous lequel passe la route des Tombes, ont mis à découvert plusieurs cercueils antiques.

Comme nous l'avons dit, le Phanal de Comelle devait être allumé pour éclairer et rassurer les voyageurs passant sur ce grand chemin.

On enterrait quelquefois dans les églises, pour éviter les longs déplacements et par faveur; mais en 1152 le chapitre général de l'ordre de Cîteaux décida qu'on n'y ferait plus d'inhumations, sauf quelques cas exceptionnels. C'est peut-être alors qu'un cimetière fut créé dans l'enclos de Comelle à côté de l'église Saint-Rieul.

Quant à l'origine de Comelle, voici ce que nous avons relevé sur des documents authentiques.

Lors de son émigration en 1789, le prince Henri-Joseph de Bourbon était propriétaire de cet enclos. Il fut vendu à cette époque devant le district de Senlis, mais le dernier duc de Bourbon le racheta, en 1823, du nommé Larchin, l'un de ses gardes forestiers.

Le grand Condé l'avait acquis des religieux de Chaalis, en 1666, et ces religieux tenaient notamment les prés et aunaies de Comelle d'un don à eux fait par les Bouteillers de Senlis, vers 1140, et confirmé, en 1180, par Guy, l'un de ces Bouteillers.

En 1203, ils acquirent de Raoul Cocatrix le droit que celui-ci avait sur la route allant du moulin d'Orry à l'église de Saint-Rieul, « sise », porte le titre « devant la Grange de Comelle. »

En juin 1227, Eudes, seigneur de Montgrésin, fit concession aux religieux de Chaalis du passage pour les animaux sur sa terre, et, en 1274, Jean de Chantilly et Jeanne, sa femme, cédèrent aux mêmes religieux des bois et des friches auprès de l'étang de Comelle avec des droits de chasse, à l'exception de la chasse à la grande bête.

8.

L'abbaye de Chaalis a ainsi continué, pendant plusieurs siècles, à réunir à la Grange de Comelle des propriétés pour les défricher et les cultiver.

Mais plus d'un siècle avant la cession au grand Condé, les religieux de cette abbaye ne faisaient plus valoir eux-mêmes Comelle et ses dépendances, qui étaient devenues considérables et formaient une véritable ferme qu'ils avaient louée, par acte du 30 novembre 1551, et même antérieurement.

De ces faits incontestables il résulte que jamais Comelle ne fut une abbaye dont les religieux auraient fondé, sous l'inspiration de saint Louis, l'abbaye de Royaumont.

Orry-la-Ville et le hameau de Mongrésin s'étant peuplés, on a dû construire une église plus à proximité des habitants et former un cimetière moins éloigné des deux villages. L'église Saint-Rieul de Comelle, étant alors délaissée, a fini par tomber en ruines.

Dans son excellente et savante histoire de saint Louis et de l'abbaye de Royaumont, M. l'abbé Duclos a parlé de Comelle et il s'est étonné du silence des écrivains et de l'absence de tout document sur cette abbaye problématique placée dans un lieu solitaire mais intéressant. Après les explications que nous venons de donner, ce silence paraîtra sans doute moins étrange, puisqu'il en ressort que Comelle ne fut point une abbaye, mais le séjour où un petit nombre de Cisterciens, au nom de l'abbaye de Chaalis qui leur en avait confié la mission, fondèrent une grange, c'est-à-dire une exploitation agricole, de même qu'ils eurent vers la même époque à Vollerand, près de Louvres, une ferme — la plus importante et la meilleure de la contrée — qui est également désignée dans la bulle du pape Alexandre III, de 1161, sous la simple indication de *grangia*, grange de Vollerand.

A l'égard de l'étymologie du nom de Comelle on a fait la remarque qu'il y avait des analogies d'appellation entre cette abbaye supposée, l'église Saint-Côme à Luzarches et un fief à Asnières appelé la Comerie. La similitude est loin d'être assez frappante pour indiquer une étymologie exempte de controverse. Le mot latin *comes* remplit plutôt l'idée que l'on se fait du sentiment qui a amené quelques religieux dans un lieu désert et probablement jusque-là sans nom particulier, pour y défricher et cultiver la terre.

VI. — La Loge de Viarmes ou le château de la Reine-Blanche.

Il existe dans la forêt de Chantilly, auprès des étangs de Comelle, un petit château gothique, appelé le château de la Reine-Blanche.

Il est dans un site pittoresque qui offre en tout temps une agréable promenade.

Ce pavillon gothique a été édifié en l'année 1826 sur l'emplacement d'une ancienne construction également de style gothique, accompagnée, comme celle actuelle, de quatre tourelles et qui avait d'abord été remplacée par un moulin, construit en 1766, qu'on appela le moulin de la Loge. L'ancien pavillon portait déjà ce dernier nom dès l'année 1523 ; mais plus tard il fut appelé le château de la Reine-Blanche, nom qui est resté au nouveau château que fit élever le dernier duc de Bourbon.

Une tradition moderne attribue la fondation du premier pavillon à la reine Blanche de Castille, mère de saint Louis, morte en 1252.

Nous ne trouvons cependant, dans les ouvrages anciens qui ont parlé de la seigneurie et de la terre de Chantilly ou de ses environs, rien qui puisse justifier cette légende. Ils sont restés muets sur ce point. Nous citerons notamment :

Androuet du Cerceau, 1576 ;
Muldrac, 1662 ;
Thomas Corneille, 1708 ;
Bunzen de la Martinière, 1740 ;
Piganiol de la Force, 1753 ;
L'abbé Lebeuf, 1754 ;
D'Argenville, 1755 ;
Moréri, 1759 ;
Expilly, 1764 ;
Désormeaux, 1764 ;
Carlier, 1764 ;
Robert de Hesselin, 1771 ;
Le Camus de Mézières, 1783 ;
Mérigot, 1791.

Nous ajouterons que les plans forestiers, à l'exception de ceux de date récente, indiquent la loge de Wiermes ou de Viarmes et qu'on n'y voit aucune mention d'un château qui aurait appartenu à la reine Blanche.

Toutefois, dans un ouvrage intitulé : *Voyage pittoresque de la France avec la description de ses pro-*

vinces, par une Société de gens de lettres, ouvrage commencé en 1782, achevé quelques années plus tard et attribué à MM. de Laborde, Guettard, Bequillet et autres, nous avons remarqué l'indication d'un moulin bâti sur le terrain où était le château de la reine Blanche, mère de saint Louis.

Cette dernière énonciation, formulée sans preuves à l'appui, a été le point de départ d'une tradition propagée par divers écrivains et notamment par Cambry, dans son Histoire du département de l'Oise, publiée en 1803, et par Grave dans ses Annuaires du même département. Ces auteurs ont cru, à tort, que le pavillon de la Loge avait été créé vers 1228, époque où saint Louis fondait l'abbaye de Royaumont. Cette abbaye en devint propriétaire seulement en 1413 et le conserva pendant deux siècles et demi ; mais il n'est pas possible d'admettre qu'il ait été édifié sous saint Louis, car il résulte de documents authentiques :

Qu'en 1227, le lieu où il a été élevé fut donné avec les étangs et des bois, par Philippe, comte de Boulogne, de Clermont et de Dammartin, à l'abbaye de la Victoire près de Senlis, fondée en 1222, par Philippe-Auguste, roi de France, en commémoration de la bataille de Bouvines ;

Qu'en 1293, les religieux de cette abbaye firent un

échange avec Pierre de Chambly, seigneur de Viarmes, chambellan du roi, et Jeanne, sa femme, et leur cédèrent des friches et des bois dans la forêt de Chantilly et de Coye, une prairie entre La Morlaye et Coye, et deux viviers entre cette dernière commune et Comelle, c'est-à-dire les étangs actuels.

C'est sans doute alors que le premier pavillon, aux quatre tourelles, fut élevé et s'appela la Loge de Wiermes, servant vraisemblablement de rendez-vous de chasse aux seigneurs de Wiermes ou de Viarmes ;

Que ces seigneurs possédaient encore ce pavillon en 1389 et qu'en 1406 il fut vendu par Jean de Bouconvillers au duc Louis d'Orléans, frère du roi Charles VI et fils de Charles V et de Jeanne de Bourbon ;

Enfin que le duc d'Orléans le donna en 1406 aux Célestins de Paris, qui le transmirent en 1413 aux religieux de Royaumont par lesquels il fut cédé en 1657 au seigneur de Coye, et en 1701 il passa aux Condé avec cette dernière seigneurie.

Lorsque le pavillon n'appartint plus aux seigneurs de Viarmes, on dut en changer la dénomination et il est possible que, pour perpétuer dans la contrée le précieux souvenir de la reine Blanche et de saint Louis, les religieux de Royaumont aient donné à ce petit manoir le nom de château de la Reine-Blanche.

La tradition qui en a fait remonter l'origine au règne de saint Louis s'est peut-être fondée sur les grands travaux qui furent exécutés, sous ce roi, pour faire passer dans le village de Coye et auprès de Royaumont, la rivière la Thève qui sort des étangs de Comelle.

Après l'exposé qui précède, tiré de documents authentiques, il n'est guère permis d'attribuer à la reine Blanche de Castille la fondation d'un petit château à côté des étangs de Comelle. Néanmoins, nous applaudissons à la pensée qui a fait conserver ce nom vénéré au nouveau château. Cela était naturel de la part d'un Bourbon, et de plus c'est une consécration de la reconnaissance populaire pour les bienfaits répandus dans la contrée par saint Louis et sa mère.

VII. — La paroisse de Coye.

L'étymologie de ce nom bizarre, donnée vulgairement comme marque d'étonnement ou comme appellation indiquée par le cri aigu des corbeaux, autrefois nombreux auprès du village entouré de bois, ne saurait être regardée comme sérieuse.

Nous allons en rapporter deux autres, sans cependant être bien fixé sur ce point.

Nous avons éprouvé la même incertitude à l'égard de l'étymologie du nom de Chantilly que des érudits rattachent aux eaux considérables qui ont toujours baigné le site où le château a été édifié, tandis que l'abbé Boutard le fait dériver de l'existence de tilleuls séculaires.

Quant au village de Coye il a existé à l'état de très modeste hameau depuis un temps immémorial.

D'après une histoire du diocèse de Paris, par l'abbé Lebeuf, parue en 1754, on écrivait en 1212 Coiz au lieu de Coye. Ce nom viendrait de Cota ou

Cotia, dérivé du saxon *Cote,* qui signifie chaumière ou maisonnette.

D'autres auteurs le font venir de Silva Cotia, nom que portait autrefois la forêt qui entourait un château royal de ce nom, près de Compiègne. Cette forêt avait une étendue immense et couvrait une partie du Valois et du comté de Senlis. Elle enveloppait Compiègne, Chantilly et Coye. Ce dernier village se serait appelé Cautia ou Cuise dont on aurait ensuite formé le nom de Coiz ou Coye pour le distinguer d'un autre village près de Compiègne appelé Cuise-la-Motte.

La paroisse de Coye dépendait au XIIe siècle du diocèse de Senlis. Elle fit plus tard partie de celui de Paris.

L'église de ce village fut reconstruite en 1738 aux frais du duc Louis-Henri de Bourbon. On n'avait conservé de l'ancienne que la tour. Cette église vient d'être de nouveau reconstruite et considérablement agrandie. Quelques travaux restent encore à faire. Elle est sous le vocable de Notre-Dame de la Jeunesse.

La rivière la Thève passe auprès du village depuis saint Louis. Auparavant elle traversait les marais sans desservir le hameau. Il semble résulter de documents anciens qu'il y avait vers le village, avant cette dérivation de la Thève, un petit cours d'eau appelé Luze.

Les premiers rois de France, et parmi leurs successeurs Philippe-Auguste et Charles le Bel, paraissent avoir possédé le domaine de Coye et celui de La Morlaye où se trouvait un château royal. Philippe, comte de Boulogne, l'abbaye de la Victoire, Pierre de Chambly, seigneur de Viarmes, et les comtes de Beaumont-sur-Oise, en furent aussi possesseurs.

En 1504, Jean de Suze, seigneur de Coye, donna un terrain voisin de l'église pour en faire un cimetière.

En 1697, la seigneurie de Coyé appartenait à Toussaint Rose, président de la Chambre des comptes. Ses héritiers vendirent cette terre au prince de Condé, mais aujourd'hui le château de Coye ne fait plus partie du domaine de Chantilly.

VIII. — Raisons déterminantes de ce livre.

Trois choses d'un ordre supérieur ont été notre mobile et ont motivé le livre que nous achevons sans qu'aucune prétention littéraire nous soit venue à l'esprit :

1° Le maintien des courses à Chantilly et les moyens d'entraînement ou d'éducation des chevaux, assurés pour un grand nombre d'années ;

2° L'érection de cette ville en chef-lieu de canton ;

3° Et l'agrandissement de son enceinte communale pour y développer la construction.

Après ces trois points traités et mis en évidence, nous nous tiendrons pour très satisfait si, par surcroît, nous sommes parvenu à rendre notre ouvrage un peu intéressant sous le rapport historique et si un écrivain plus autorisé doit y trouver les rudiments d'une véritable et sérieuse histoire de Chantilly et de son célèbre château.

HIPPOLYTE LECERF.

FIN.

TABLE DES MATIERES

TABLE DES MATIÈRES.

	Pages
Préface..	3
Division de l'ouvrage.................................	5

Première Partie. — Chantilly.

Le château et la paroisse de Chantilly............................ 7

Deuxième Partie. — Le château de Chantilly, les courses et autres sujets.

I. — Note historique sur le château de Chantilly......	31
II. — Événements survenus à Chantilly après 1789......	41
III. — Description des châteaux, des écuries, etc. — La forêt, la Pelouse et l'hospice de Condé............	47
IV. — Sur le testament du dernier prince de Condé......	79
V. — Sur Henri II de Montmorency, les suites de sa condamnation, celle de Louis II de Condé et le Traité de paix des Pyrénées.........................	81
VI. — Les viaducs, le château de la Reine-Blanche; les chasses et la commune de Coye.....................	102
VII. — L'Hippodrome de Chantilly; la Société d'encouragement et le Cercle du Jockey-Club. — Longchamps et le Bois de Boulogne................................	115
VIII. — Extension des embellissements de Chantilly........	144
IX. — Éloges de deux habitants de Chantilly.............	147

Troisième Partie. — Le Dédoublement du canton de Creil.

Pages.
I. — Considérations sur sa division.................... 157
II. — Manifestation émanée des maires de 6 communes.... 164
III. — Pétition des habitants de Chantilly adressée au duc d'Aumale.. 168
IV. — Sur l'avis donné par le Conseil général............. 170
V. — Conclusion.. 175
VI. — Dernières réflexions............................. 177

SUPPLÉMENT

Préface.. 181

I. — La paroisse et le château.

La paroisse.. 183
L'ancien château... 186
Le nouveau château et les parterres...................... 189
Réflexions sur le dernier prince de Condé................ 201

II. — Industries anciennes et nouvelles de Chantilly.

Les usines de Richard Lenoir............................ 205
La porcelaine... 209
La dentelle... 221
Situation actuelle, commerciale et industrielle de Chantilly. 229
L'industrie chevaline et l'hippodrome de Chantilly........ 230

III. — Monuments.

L'église paroissiale..................................... 233
Les anciennes chapelles................................ 238
L'hospice et les cimetières............................ 240

IV. — Un baptême de cloches 242

V. — Sur le canton de Chantilly; l'extension de l'enceinte communale et le déplacement du cimetière... 244

VI. — Documents, notes et éclaircissements sur divers sujets.

I. — Lettres patentes du roi Louis XV autorisant la fabrication de la porcelaine à Chantilly........... 253
II. — Louis III de Bourbon-Condé et ses trois fils....... 256
III. — Légende sur Jeanne la bergère.......... 258
IV. — Sur la mort de Vatel, maître d'hôtel du grand Condé.. 260
V. — Le Phanal ou la Lanterne des morts de Comelle.... 263
VI. — La Loge de Viarmes ou le château de la Reine-Blanche... 270
VII. — La paroisse de Coye............................ 275
VIII. — Raisons déterminantes de ce livre... 279

TYPOGRAPHIE CHARLES DE MOURGUES FRÈRES
RUE JEAN-JACQUES-ROUSSEAU, 58. — PARIS

www.ingramcontent.com/pod-product-compliance
Lightning Source LLC
Chambersburg PA
CBHW050629170426
43200CB00008B/939